자크 라캉

차례
Contents

03 자크 라캉 12 정신분석과 욕망 20 한계를 넘어 28 쾌락과 충동 36 몸의 윤리를 향하여 41 억압 없는 만족 48 승화, 이상화, 도착 56 궁정풍연애와 이상화 62 사드: 파괴와 창조 69 도착에서 승화로 77 아름다운 안티고네 84 사랑의 윤리 89 더 읽으면 좋을 책들

자크 라캉

라캉이라는 소문

  자크 라캉(Jacques Lacan)에 대한 소문이 무성하다. 수많은 입문서와 개설서들이 그의 정신분석 이론을 소개하거나 설명하고, 또 수많은 학술논문과 전문서적들이 그의 사유를 깊이 탐구하거나 다양한 분야에 폭넓게 적용하고 있다. 어떤 이들은 마치 그가 세상의 모든 질문들에 대한 대답을 가지고 있는 양 그의 사상에 열광한다. 또 어떤 이들은 그를 현란한 말장난으로 진실을 왜곡하고 지적인 허영을 즐기는 궤변가로 평가절하한다. 심지어 그의 이론에 대해서는 극도의 혐오감을 내비치는 이들도 적지 않다.

이러한 극단적인 평가와는 별개로 일부 독자들은 이미 프랑스 정신분석학자이자 사상가로 라캉의 이름을 알고 있고, 심지어 그의 몇몇 정신분석 개념들을 어느 정도 인지하고 있다. 라캉의 개념들은 이제 정신분석이라는 제한된 분야를 넘어서 문학, 정치, 철학, 영화 등의 다양한 영역에서 핵심 용어로 널리 사용되고 있다. 적어도 그의 이름은 상식이 된 지 오래다.

하지만 여기서 특기할 만한 것은 라캉에 대한 광범위한 관심에도 불구하고 라캉 저작에 대한 직접 번역이 우리나라에 거의 없다는 점이다. 그나마 있는 번역도 영어 번역의 중역이기에 우리는 그만큼 라캉으로부터 멀어진다. 개설서의 홍수 속에서 라캉 번역의 부재는 더욱 도드라져 보인다. 이것은 무엇을 말하는 것일까?

우리는 라캉의 사유에 관심이 있고 또 그의 개념들을 이런저런 방식으로 이용하고 있으면서도, 정작 그의 강의록이나 저술을 직접 읽는 데는 지극히 무관심하다. 우리는 상식적인 지식에 만족할 뿐 라캉을 본격적으로 이해하고자 하지 않는다. 라캉의 이론을 이해하는 데 있어 우리는 결국 소문에만 과도하게 의존하는 것이다. 그 무성한 소문의 숲 속에서 우리는 길을 잃고 한 걸음도 앞으로 나아가지 못한다. 그 자욱한 소문의 안개 속에서 라캉은 우리의 시야를 벗어난다.

소문은 소문일 뿐이다. 개설서나 입문서를 통해 라캉의 이론을 접하는 것은 그의 풍요로운 사유 속으로 들어가는 첫걸음은 될 수 있을지언정 우리에게 번뜩이는 통찰과 영감을 제공하지는 않는다. 소문으로서의 라캉은 상식의 양만 늘려줄 뿐 질적인 변화를 불러일으키지 못한다. 그것은 굳어진 인식의 틀을 다시 살아 움직이게 하지 못하고, 우리의 영혼을 뒤흔들어 놓지도 않으며, 삶의 창조적인 활기를 건조한 일상에 불어넣지도 않는다. 이것은 마치 음악은 직접 듣지 않은 채 그 음악에 관한 갖가지 정보만을 습득하는 것과 같다. 어떤 음악 속에 깊이 빠져드는 경험이 없다면 그 음악에 관한 정보가 아무리 많은들 무슨 소용이 있겠는가? 그것은 그저 상식이요, 소문일 뿐 음악은 아니다.

또 하나의 소문

우리도 언젠가는 라캉을 직접 읽을 것이다. 하지만 아직은 때가 아닌 듯하다. 제대로 된 우리말 번역이 없을 뿐만 아니라, 설사 있다 하더라도 그것을 읽는 일은, 수많은 난관과 위기를 극복해야 하는 험난한 여정이기 때문이다. 난해한 개념들과 복잡한 문장들 속에서 길을 잃고 헤맬 가능성이 농후하다. 어쩌면 책을 내던지면서 영원히 라캉을 저주하게 될지도 모를 일이다.

물론 길을 잃고 헤매는 고통은 놀랄 만한 쾌락을 품고 있다. 전혀 뜻하지 않은 곳에서 자기만의 숨은 보석을 찾아내는 기쁨 말이다. 이는 오직 헤맴을 통해서만 발견하는 희열이지, 소문으로서의 라캉으로는 도저히 얻을 수 없는 것이다. 하지만 이 쾌락을 맛보기 위해서 우리는 어느 정도 준비를 해야 하고 좋은 길잡이도 필요하다.

이 책 역시 또 하나의 소문일 수밖에 없다. 라캉의 저서가 아닌 바에야 그것은 운명과도 같다. 그러나 조금은 다른 종류의 소문이고 싶다. 소문이되 라캉의 힘을 느낄 수 있는 소문일 수 있을까? 쉬운 입문서이되 라캉의 텍스트에 바짝 다가간 해설서일 수 있을까? 라캉에 대한 소개이되 라캉의 뜨거운 핵심이 드러나는 결정적인 만남일 수 있을까? 쉽지 않을 것이다. 아니 불가능할지도 모른다. 두 마리의 토끼를 잡는 무모한 시도는 낯 뜨거운 실패로 끝나기 마련이다.

하지만 실패가 꼭 나쁜 것만은 아니다. 필자를 포함해서 이 글을 읽는 독자들 또한 실패에서 더 많은 것을 배운다고 믿기 때문이다. 어쩌면 처참한 그 실패의 틈새에서 라캉의 실재를 엿볼 수 있을지도 모를 일이다. 만약 그런 실패라면 '가장 찬란한' 실패는 아닐지라도 조금은 덜 부끄러운 실패일 수는 있겠다.

이 책이 취하는 전략은 일반 독자들이 쉽게 이해할 수 있는 방식으로 라캉의 핵심 주제 하나에 집중하여 자세히 그리고 제대로 읽어 내는 것이다. 라캉의 사상 전반에 대한 개괄적인 설명이 아니라 한 가지 핵심 주제 속으로 깊숙이 파고드는 작업이다. 정신분석 개념들을 수평적으로 나열하여 그들 하나하나를 정의하고 설명하는 것이 아니라, 오히려 라캉의 이론을 이해하기 위해 필요한 여러 개념들을 핵심 주제를 중심으로 수직적으로 배치하고 일관되게 엮는 것이다.

한 가지 주제의 깊은 속으로 들어가는 과정에서 작은 개념들을 체계적으로 이해하고, 이를 통해 자연스럽게 라캉 이론의 고갱이에 한 걸음 더 다가갈 수 있을 것이다. 이 작업이 끝나는 어딘가에서 또는 그곳에 이르는 노정에서 라캉의 정신분석 사유의 정수와 문득 만날 수 있다면 이 책의 전략은 어느 정도 성공한 것이리라.

윤리

그렇다면 왜 하필 윤리인가? 라캉의 이론은 수많은 주제들을 품고 있고, 그들 모두 라캉 사유의 가치와 의미를 드러낼 수 있는 흥미로운 소재가 될 것이다. 우리를 정신분석의 매력적인 세계 한가운데로 이끌어주는 친절한 안내자가 될 수 있는 것이다. 어쩌면 이러한 다양한 주제들이 제각각의 깊이와 함의를 가지고 우리 곁으로 가까이 다가올 때, 라캉의 풍요로운 사유가 제대로 그 진가를 드러낼 것이다.

하지만 그중에서도 정신분석의 윤리는 가장 논쟁적이면서 매혹적인 주제이다. 윤리라는 주제가 옳고 그름을 가르고 가치를 판단하여 행동의 기준을 제시하는 때문이기도 하겠지만, 동시에 그만큼 라캉의 핵심적인 사상을 농축하고 또 노출하고 있기 때문일 것이다.

뿐만 아니라 윤리는 라캉의 정신분석 이론에 제기되는 어떤 근본적인 질문들에 대답을 제공한다. 라캉을 도대체 왜 읽어야 하는가? 그의 이론이 왜 나에게 중요한가? 이것으로 무엇을 할 수 있는가? 라캉의 생소한 개념들과 독특한 이론을 접하다 보면 종종 이런 의문들에 휩싸이는 자신을 발견하게 된다. 특히 그의 사유가 손에 잡히지 않고 혼돈의 미로 속으로 사라질 때면 우리는 어쩔 수 없이 라캉 자체에 대한 깊은 회의에 빠지게 되는 것이다.

무엇보다 윤리라는 주제는 이러한 의문과 회의를 해소시켜 줄 수 있다. 라캉의 윤리에 대한 사유는 정신분석이 무엇을 행동의 규준으로 제시하는지, 그의 이론이 지향하는 바가 무엇인지, 나아가서 그것은 정치적으로 어떤 함의를 지니는지 등을 풍요롭게 암시하고 밝혀주기 때문이다. 우리는 윤리에 대한 논의를 통해 라캉 이론의 구체적인 파장과 효과를 생생하게 감지할 수 있는 것이다.

라캉의 윤리는 무엇일까? 누군가 라캉의 윤리를 짧고 간단하게 표현하라고 요구한다면 지나친 단순화의 위험을 무릅쓰고 이렇게 대답할 수 있을 것이다. 라캉의 윤리는 '욕망의 만족'이다. 정신분석의 윤리에 관한 수많은 논의들은 결국 이 표현으로 수렴될 수 있을 것 같다. 물론 그것은 '모든 욕망의 무조건적인 만족'을 뜻하지 않는다. '욕망의 만족'이라는 말의 구체적인 의미는 여러 조건과 전제들을 경유해서야 비로소 그 윤곽을 드러낼 것이다. 이 표현의 정확한 뜻을 제대로 풀어내는 것이 바로 이 책의 목적이다.

욕망

'욕망의 만족'은 하지만 오해의 여지가 너무나 많은 표현이다. 욕망이라는 단어를 어떻게 받아들이느냐에 따라 그 의미는 완전히 달라질 것이기 때문이다. 우선 여기서 분명히 해야 할 사실은 욕망의 만족이 '동물적인 욕망의 해방'을 뜻하는 것이 아니라는 점이다.

성적인 본능의 무한 실현을 추구할 정도로 정신분석이 순진하진 않다. 만약 본능의 만족을 윤리적인 원칙으로 추구한다면 그것은 오히려 정신분석의 원리를 정면으로 부정하는 일이 될 것이다. 라캉에 있어 욕망은 철저하게 인간적이고 비생물학적이기 때문이다. 물론 그것은 육체적이고 성적인 것임에 틀림없다. 하지만 그렇다고 해서 욕망이 곧 동물적 본능을 의미하는 것은 아니다.

라캉이 말하는 욕망이 자본주의적인 소비 욕구가 아니라는 점도 동시에 강조되어야 한다. 풍요를 향한 세속적인 욕망은 분명 인간의 기본적인 욕망 중 하나이다. 하지만 그것은 윤리적인 의미에서의 욕망은 아니다. 안락과 편의를 추구하는 물질적인 욕망은 현실에 안주하고 그 질서에 순응하는 현상유지의 욕구일 뿐이다.

정신분석이 주목하는 욕망은 현실 질서를 넘어서고 또 넘어설 수밖에 없다. 현실은 욕망의 소중한 대상을 주체에게 제공해 주지 못하기 때문이다. 현실 속의 어떤 사물도 만족을 가져다주지 않는다. 욕망은 따라서 현실의 저편을 지향한다. 그런 의미에서 윤리적인 준칙으로서의 라캉의 욕망은 전복적이고 급진적이라 할 만하다.

전복적이고 급진적인 욕망의 극단에는 도착의 변태적인 욕망이 자리하고 있다. 대상을 파괴하고 절대적으로 지배하려는 저 밑바닥의 충동 말이다. 그렇다면 누구나 이렇게 물을 것이다. 욕망의 만족을 추구하라는 라캉의 윤리적인 명령은 마침내 도착적이고 폭력적인 욕망마저 긍정하는 것인가? 아니다. 절대 그렇지 않다.

라캉의 윤리를 소개하거나 설명하는 많은 글들이 바로 이 지점에서 머뭇거리는 것은 대단히 아쉬운 일이다. 욕망의 도착과 욕망의 만족 사이에는 커다란 간극이 있다. 하지만 도착적인 욕망의 만족이 곧 라캉의 윤리라고 말하거나, 둘이 서로 다르다고 암시하면서도 차이를 제대로 밝히지 못하는 경우가 대부분이다. 이것은 위험한 일이 아닐 수 없다.

물론 라캉이 도착을 진지하게 고려하고 면밀하게 분석함으로써 정신분석의 윤리를 구성해 나가고 있는 것은 사실이다. 그러나 그것은 도착을 관통함으로써 극복하려는 것이지 도착을 윤리적 대안으로 제시하려는 것은 결코 아니다. 라캉은 도착을 넘어서 순수 욕망의 윤리적 가능성을 끈질기게 모색한다. 도착은 라캉의 윤리적 탐색에서 최종적인 대답이 아니다.

라캉이 말하는 순수 욕망의 윤리는 무엇일까? '욕망의 만족'이라는 표현의 정확한 의미는 무엇일까? 욕망의 윤리가 가능한 걸까? 이런 궁금증과 호기심이 우리를 라캉 사유의 핵심으로 이끌 것이다. 그 과정에서 복잡하게 얽혀 있는 라캉의 다양한 개념들이 서서히 제자리를 찾고, 이 여정의 끝에선 마침내 욕망의 윤리적 의미와 실천적 가능성이 제 모습을 드러낼 것이다. 그리고 이 책을 덮는 순간 라캉의 힘과 정신분석의 매력이 여운으로 남기를 조심스럽게 기대한다.

정신분석과 욕망

욕망의 윤리?

 자크 라캉이 제시하는 정신분석의 윤리는 한마디로 "네 욕망을 포기하지 말라"는 명령으로 요약될 수 있다. 욕망에 대한 적극적이고 비타협적인 긍정을 요구하는 이러한 도덕원칙은 그 급진성으로 말미암아 당혹스러운 충격으로 다가오기 쉽다. (성적인) 욕망을 포기하지 말고 끝까지 추구하라니 이것이 '건전한' 시민에게 어울리기나 한 윤리인가? 아니 이것이 윤리라는 이름을 달 만한 자격이나 있는가?

 욕망은 흔히 윤리의 적으로 여겨진다. 성숙한 개인의 인격을 완성하는 데 있어 욕망은 도덕적 성취를 위협하는 이물질이다. 그것은 이기적이고 파괴적이기에 억누르고 다스리고 길들여야 하는 치명적인 유혹이다. 나아가서 공공의 선을 달성하는 데 일조하기 위해 개인의 사적인 욕망은 희생될 수도 있는 것이다. 그것이 성숙한 민주 시민의 최소한의 윤리가 아닌가?

그러나 라캉은 당연하게 받아들여지는 '건전한' 상식의 윤리를 전면적으로 거부한다. 이러한 전통적인 윤리는 오히려 '권력의 질서'를 정당화하고 유지하는 데 기여하는 이데올로기에 불과하다.[1] 라캉은 정신분석이 넘어서야 하는 지배적인 윤리를 재치 있는 문장으로 이렇게 표현한다. "욕망에 관해서는 나중에 다시 오라."(315) 현재의 시급한 공익을 위해 욕망은 언제나 뒤로 미루고 양보하고 심지어 포기해야 하는 부차적인 방해물이다.

이 문장을 곰곰이 현실에 비추어 보면 굳이 구체적인 예를 들지 않더라도 우리의 현실과 일상이 이 단순한 명령으로 철저하게 지배되고 있음을 깨달을 수 있다. 쾌락은 생산성을 위해 너무나 쉽게 그리고 일상적으로 희생되고 있지 않은가? 우리는 미래의 막연한 안위를 위해 현재의 욕망을 어쩔 수 없이 저버린다. 심지어 경제발전을 위해 민주와 자유의 욕망을 포기하라는 권력의 불순한 요구마저 이 문장에서 배음(背音)으로 울려나오는 것을 느낄 수 있다.

도덕적 '선'과 경제적 '효용'에 바탕을 둔 권력의 윤리는 다른 욕구, 소수의 욕망의 가능성을 인정하지 않고 도덕과 쓸모의 이름으로 지배질서에 순응할 것을 강요한다. 다수의 욕망과 배치되는 이질적인 개별 욕망들은 공동체의 이익에 반하는 '쓸모없는' 욕망이고 따라서 도덕적으로 악한 것이다. 이러한 윤리는 결국 기존 질서의 현상유지에 기여하는 체제 순응적인 윤리로 전락하고 만다. 이런 문맥에서 권력에 위협적이고 파괴적이며 비타협적인 욕망을 긍정할 것을 요구하는 정신분석의 윤리는 급진적인 정치성을 띠지 않을 수 없다. 그것은 변화와 새 출발을 요구하는 정치적 실천으로 이어진다.

자아심리학과 정신분석

정신분석 영역에서 지배적인 지위를 차지하고 있는 자아심리학(ego-psychology)은 전통적인 권력의 윤리가 학문적인 형태로 관철되고 있는 심리학의 한 분야라 할 수 있다. 자아심리학은 성적인 욕망을 구현하는 이드(id)와 도덕적 죄의식을 나타내는 초자아(superego) 사이에서 이들의 상충하는 요구를 조정하고 중재하는 기제로 자아(ego)를 중시한다. 프로이트(Sigmund Freud)가 제기한 문명과 욕망 사이의 근원적인 갈등을 해결하기 위해 자아심리학은 자아의 기제를 강화하고 보다 '성숙한' 자아를 발달시키는 것에 주안점을 둔다. 다시 말해 자아심리학은 사회적인 요구에 맞추어 위협적인 욕망을 어떻게 제어하고 개인들을 현실에 어떻게 적응시킬 것인가에 관심을 기울인다고 볼 수 있다.

라캉의 표현을 빌리자면 자아심리학은 욕망의 '성숙'을 통

해 '현실과의 올바른 관계'를 정립하려는 시도이다.(302) '성숙'
이란 무엇인가? 성숙은 '바람직한' 욕망을 미리 정해 놓은 채
그것을 중심으로 다른 '미숙한' 욕망들에 가치를 매겨 서열화
한다. 그러곤 그 이루어질 수 없는 목표를 향해 '발달'할 것을
강요하고, 이 대열에서 탈락하는 특수한 욕망들에겐 '미숙'과
'비정상'의 낙인을 찍는다. 흔히 '정상'적인 성으로 여겨지는
'성기의 결합에 기반을 둔 이성애주의'가 이 기준에서 벗어난
다른 욕망들에 대해 어떠한 태도를 취하는지를 본다면 '성숙'
의 억압적인 성격은 분명해진다. 라캉은 이를 '부르주아적인
꿈', '사기' 등의 표현을 쓰며 강한 어조로 비판한다.(303)

이미 충분히 암시가 되었겠지만 자아심리학의 시도는 욕망
에 적대적인 지배 윤리에서 조금도 벗어나지 않는 현실 순응
적인 기획이 아닐 수 없다. 권력에의 '적응'에만 관심을 기울
일 뿐 욕망을 억압하는 권력의 폭력성에 대해서는 근본적인
의문을 제기하지 않는다. 기존 질서의 현상유지에 기여하는
정치적 보수주의로 귀결되는 것을 피할 길이 없는 것이다. 이
렇게 본다면 라캉이 자신의 정신분석 이론을 세워 나가면서
자아심리학과의 싸움을 끈질기게 전개하는 것은 너무나 당연
하다. 욕망을 긍정하는 것은 '성숙'의 윤리를 거부하는 일이
고, 그것을 위해 배제되고 희생된 '쓸모없는' 욕망들을 적극적
으로 그리고 비타협적으로 끌어안는 행위이다.

'보 에스 바(Wo es war)'

라캉은 정신분석의 윤리를 확립하기 위해 "그것이 있던 곳에 내가 존재한다(Wo es war, soll ich werden)"라는 프로이트의 기본 원칙으로 돌아간다. 라캉은 이 문장이 '정신분석에 연루된 도덕적 경험'을 잘 요약하고 있다고 말한다.(7) 여기서 '그것'은 '나'의 의식 속에서 내 것으로 인식되지 않은 낯선 욕망이다. 의식으로부터 배제되어 있는 한 이질적인 욕망은 '내'가 아닌 '그것'일 수밖에 없다. 하지만 '나'는 그곳으로 가서 거기에 존재해야 한다. '그것'은 바로 '나'이기 때문이다. '그것'은 나의 존재 바깥에 있는 낯선 타자가 아니라 주체의 핵심에 자리 잡은 존재의 일부인 것이다. 프로이트의 원칙에는 자아를 중심으로 이질적인 욕망을 다스리고 길들이려는 도덕주의의 오만함이 없다. 오히려 그는 낯선 타자 속에서 주체의 탄생을 발견하고 있다. 정신분석의 윤리는 타자에 대한 열림에서 시작한다.

라캉은 윤리적 행위의 판단 기준으로 "당신은 당신 속에 있는 욕망에 일치하여 행동하였는가?"라는 질문을 제시한다. (314) 물론 이는 '욕망을 포기하지 말라'라는 명령과 같은 맥락에 있는 말이지만, 위에서 언급한 프로이트의 원칙에 비추어 본다면 라캉이 질문의 형태로 공식화하는 윤리의 준칙이 어디에서 비롯하는지는 명백하다.

'당신 속에 있는 욕망'은 바로 프로이트가 말한 '그것'을 가리키고 있다. 라캉은 프로이트를 따라 '그것'에 일치하여 행동하는 데서 정신분석의 윤리를 찾고 있는 것이다. 그곳에 '내'가 있다면 윤리적 주체는 거기에 있는 욕망에서 자신을 발견하고 그 욕망에 들어맞게 행동해야 한다. '그것'을 거부하는 것은 순응적인 전통윤리로 되돌아가는 일에 불과하다. 윤리는 '그것'이 '내'가 되는 데에 있는 것이 아니라 '내'가 '그것'이 되는 개방적이고 창조적인 행위에 내재한다.

'욕망에 일치하여 행동'하는 것이 그리 단순한 일은 아니다. 우선 모든 종류의 욕망을 무조건적으로 긍정하자는 의미가 결코 아니라는 점을 다시 기억해야 한다. 가령 자본주의가 조장하는 소비의 욕망들은 정신분석에서 윤리적인 긍정의 대상일 수 없다. 그것은 오히려 욕망의 만족을 대체하는 환상이고, 진정한 쾌락으로의 접근을 가로막는 장벽이다. 욕망은 또한 타자의 존재를 부정하는 파괴적인 욕망과도 구분되어야 한다. 그것은 궁극적으로 타자를 소멸시키는 반윤리적인 욕망이기 때문이다.

따라서 라캉이 의미하는 바의 윤리를 제대로 이해하기 위해서는 욕망에 대한 섬세한 이해가 요구된다. '그곳'에 도달하기 위해서는 여러 개념들의 숲을 통과해야 한다. 이렇게 욕망의 윤리가 노정하는 많은 장애물과 오해와 위험 모두를 차분하게 그리고 끈질기게 관통하고 나서야 비로소 욕망의 참된 의미와 그것의 윤리적 함의가 분명해질 것이다. 그 순간이 올 때까지 섣부른 판단은 일단 접어 두기로 하자.

실재와 욕망

실재(the real)는 라캉의 정신분석을 이해하는 데 있어 가장 핵심적인 개념이다. 라캉의 다른 개념들과 마찬가지로 욕망도 실재와 불가분의 관계를 맺고 있다. 욕망은 실재를 향하고, 실재는 욕망의 원인이다. 따라서 욕망의 윤리 역시 실재 없이는 성립이 불가능하다.

그렇다면 실재란 무엇인가? 우리는 먼저 실재를 상상(the imaginary)과 상징(the symbolic)이라는 다른 질서들과의 상관관계 속에서 언어학적으로 이해할 수 있다. 의미가 이루어지기 위해서는 기표의 전체집합이 필요하지만 마지막 기표는 계속 연기되므로 전체가 구성될 수 없다는 모순을 안고 있는 언어의 체계가 상징계이고, 이러한 조건 위에서 금지와 배제를 통해 전체를 환상적으로 구성하는 것은 상상계이다. 그렇다면 실재는 상상적인 전체가 구성됨으로써 필연적으로 상징질서 밖으로 밀려날 수밖에 없는 어떤 것이라고 볼 수 있다. 라캉이 종종 말하듯이 실재는 '상징화를 거부하는 어떤 것'이다. 실재는 상징계의 바깥이다.

실재에 대한 언어적인 설명이 다소 추상적으로 들린다면 인간 문명과 개별 주체를 예로 들어 설명할 수도 있겠다. 문명은 어떤 근원적인 금지에 기반하고 있다. 가령 근친상간의 금지는 문명의 필수조건이라 할 만하다. 이러한 근본적인 금지와 배제가 있기에 문명이라는 상상적 상징질서가 가능해진다.

그리고 개인이 문화 속의 주체로 탄생하는 과정 역시 상실과 억압의 상처를 안고 있다. 그것은 아버지의 법을 받아들이고 어머니의 몸을 포기하는 소외와 박탈의 과정이다. 금지의 법을 내면화하는 사회화 과정을 거치면서 인간은 비로소 주체가 된다. 상징적인 의미에서의 거세(castration)가 주체의 성립조건이다. 실재는 바로 문명과 주체의 구성을 위해 필연적으로 금지되고 배제될 수밖에 없는 어떤 것이다. 실재는 상징질서의 바깥인 동시에 구조적인 원인이다.

금지는 욕망을 창조한다. 욕망은 법이 배제한 실재적 대상 때문에 끊임없이 활성화된다. 문명과 주체가 금지를 통해 탄생한다면, 그 금지는 동시에 금지된 대상에 대한 새로운 욕망을 무한히 만들어내는 것이다. 이는 금지의 피할 수 없는 구조이다. '네 이웃의 아내를 탐하지 말라'라는 금지의 법이 세워지자 이웃의 아내는 그때까지 몰랐던 쾌락을 감춘 대상, 접근할 수 없는 신비의 대상으로 떠오르며 치명적인 욕망을 주체 속에 불러일으킨다.

문화는 욕망을 금지하지만 바로 그 불가능성 때문에 금지된 대상을 향한 욕망은 더욱 강화된다. 욕망은 문화가 의도적으로 만들어낸 생산물이 아니라 문명의 자기생산 과정에서 부산물로 생겨난 잉여 찌꺼기이다. 문화는 집요하게 욕망을 통제하려 하지만 실재를 향한 욕망은 끈질기게 지속된다. 욕망은 본질적으로 반문화적이다.

한계를 넘어

위반

 욕망의 긍정은 필연적으로 사회적 통념과 도덕법의 위반을 동반할 것이다. 그러나 모든 위반이 억압적인 지배질서에서 벗어나는 것은 아니다. 법의 위반이 법질서로부터의 해방을 가져오기는커녕 역설적으로 법의 억압성에 의존하고 법의 기반을 오히려 강화하는 속성을 지니고 있기 때문이다.
 먼저 금지의 선을 넘는 행위 자체에서 쾌락을 찾는 위반이 있을 수 있다. 이러한 위반의 쾌락은 철저하게 금지의 법에 의존한다. 왜냐하면 이런 종류의 위반은 금지가 있어야만 가능하고, 넘어설 수 없는 경계가 없다면 쾌락도 불가능하기 때문이다. 위반의 욕망이 자신이 부정하는 법에 다시 묶이게 되는 역설이 발생하는 것이다. 위험한 욕망을 금지하는 법은 부정되지 않고 긍정된다.

법도 사실은 위반을 필요로 한다. 위반을 찾아내고 처벌함으로써 법은 자신의 존재가치를 확인하고 자신의 권력을 강화한다. 법이 처벌을 통해 유지된다면 위반은 법을 유지하는 데 긴요한 역할을 하는 것이다. 여기서 조금만 더 나아간다면 심지어 처벌만을 위한 위반이 있을 수 있다. 처벌이 목적이 되고 위반은 그 수단이 된다. 다시 말해 처벌하고자 하는 욕구를 만족시키기 위해 위반이 필요해진다. 위반을 통해 자신의 죄를 확인하고 그것을 처벌함으로써 자신의 도덕의식을 더욱 확고하게 확립하는 개인을 우리는 충분히 상정할 수 있다. 또 순수한 처벌의 목적으로 타인의 위반을 치밀하게 감시하고 단죄하는 개인을 역시 상상할 수 있다. 다양한 변이가 가능하겠지만 모두 같은 심리구조를 공유한다고 볼 수 있다. 여기서의 쾌락은 위반의 쾌락이 아니라 위반 뒤의 처벌의 쾌락이다. 위반은 처벌을 위해 봉사하는 법의 노예로 전락한다.

죄의식을 담당하는 심리기제인 초자아는 쾌락으로 얽혀있는 법과 위반의 결합을 잘 구현하고 있다. 초자아는 처벌의 쾌락을 위해 더 많은 위반이 필요하고 위반을 찾아내기 위해 점점 더 치밀해진다. 초자아에 순종하면 할수록 초자아의 감시의 눈은 더욱더 예민해지고 어떤 미세한 위반도 색출하여 처벌한다. 초자아는 위반을 먹고 자라는 괴물처럼 그 잔인성을 점점 강화한다.

금지와 위반은 서로 기묘한 공생관계를 형성한다. 위반이 초자아의 망에 잡혀있는 한 위반은 결코 법에서 벗어날 수가 없다. 위반과 처벌의 악순환은 지속되는 것이다. 위반은 더 이상 반역의 실천이 아니라 죄의식에 이르는 통로이다. 이런 식의 위반은 결국 법의 현상유지나 강화에 기여할 뿐 진정한 의미에서의 위반이라고 볼 수 없다.

반면 라캉의 윤리가 긍정하는 욕망은 법과 위반의 틀에 매어 있는 욕망이 아닌 그 틀을 벗어나는 욕망이다. 그것은 죄의식과 초자아의 논리를 넘어서서 그 악순환을 깨는 보다 근본적인 의미에서의 위반의 욕망이라 하겠다. 다시 말해 초자아의 교묘한 감시의 눈을 벗어날 수 있을 때 비로소 위반의 진정한 가치가 드러나는 것이다.

이러한 위반의 욕망에 바탕을 둔 정신분석의 윤리는 정치적으로 급진적인 입장을 취할 수밖에 없다. 윤리적 주체는 자신의 욕망을 포기하지 않고 끝까지 좇음으로써 초자아의 가학적인 요구를 무력화하고 욕망의 만족을 성취하고자 한다. 성욕의 희생을 강요하는 '문명'이라는 이름의 지배질서는 따라서 근원적으로 부정되고, 만족에 기초한 새로운 질서가 지속적으로 추구된다. 위반은 결국 아버지의 도덕주의 질서에 대한 근본적인 부정으로서 그 의미를 지닌다.

물(物): '나는 욕망한다, 내게 금지된 것을.'

욕망은 도덕질서가 금지하는 어떤 것을 지향한다. 그것은 구체적인 사물이 아니라 명명할 수 없는 막연한 대상이다. 문명은 위협적인 대상을 금지함으로써 스스로를 유지하고, 주체는 금지를 내면화함으로써 탄생한다. 거세는 일종의 주체가 탄생하는 통과의례다. 즉, 거세의 위협에 굴복함으로써 주체는 금지의 법을 받아들이고, 사회의 '건강한' 일원으로 탄생하는 것이다. 주체의 탄생은 그러나 어떤 대가 없이 깔끔하게 마무리되지는 않는다. 거세라는 상처가 남아 있을 뿐만 아니라 금지된 대상을 향한 은밀한 욕망이 끈질긴 생명력을 가지고 주체와 공존한다. 그것은 아무리 지우려 해도 지울 수 없는 욕망이다. 주체의 탄생 과정에 필연적으로 내재하는 잉여 부산물이기 때문이다. 금지된 대상은 치명적인 유혹으로 남아 주체의 욕망을 끊임없이 자극하고 위반의 충동을 불러일으킨다. 그것은 욕망의 근본적인 원인이다.

라캉은 문명이 억압하는 근원적인 금지의 대상을 'das Ding'이라는 독일어 단어로 지칭한다. 그것은 독일어에서 '사물'을 뜻하는 단어이지만 라캉의 이론에서 그것은 단순히 일상 속의 구체적인 물건들이 아니다. 그것은 '언어로 구조화된⋯⋯ 인간세계의 사물들'이라기보다는 우리가 살고 있는 이데올로기로 구성된 세계 밖에 존재하는 대상이다.(54) 그것은 문명의 바깥이다. 그것은 문명으로부터 배제된 대상이기도 하지만 그 배제를 통해서만 문명이 가능하기에 문명의 조건이기도 하다. 주체 역시 이 대상을 억압함으로써 문명 속으로 탄생할 수 있다. 그것은 주체에게 '낯설고, 이상하고, 심지어 적대적인' 대상이다.(52) 주체는 이 대상으로부터 벗어나야 가능하지만 동시에 완전히 벗어날 수 없는 운명을 지닌다. 이 대상을 향한 욕망이 주체 속에 상존하기 때문이다. 물(物, das Ding)은 문명을 위협하는 치명적인 타자이다.

물이 근원적으로 금지된 어떤 대상으로서 욕망의 원인이라면 그것의 구체적인 예로 우선 어머니의 몸을 들 수 있겠다. 어머니에 대한 사랑과 아버지에 대한 미움을 특징으로 하는 오이디푸스 콤플렉스(oedipus complex)는 근친상간을 금지하는 아버지의 법이 관철됨으로써 부분적으로 해소된다. 아버지의 상징질서는 주체의 어머니에 대한 접근을 가로막음으로써 확립되는 것이다. 이때 어머니의 몸은 상징질서로부터 배제된, 금지된 대상인 동시에 아버지의 법을 가능하게 하는 조건이다. 어머니의 몸은 따라서 이미 아버지의 질서 속으로 편입된 주체에게 감당할 수 없는 쾌락을 약속하는 환상의 대상으로 등장한다. 무한한 욕망을 생산하는 금지된 대상으로 주체의 환상 속에 자리 잡는다. 물론 이것은 상상적인 과잉평가의 결과이다. 하지만 물은 법 너머에서 욕망의 생산을 멈추지 않는다.

여기서 파생하는 또 하나의 금지된 대상이 있을 수 있다. 바로 아버지의 쾌락이다. 아버지는 어머니의 몸을 금지하는 동시에 스스로는 마음껏 즐기는 존재이기도 하다. 아버지는 금지의 법을 확립함으로써 주체가 쾌락의 대상으로 접근하는 것을 가로막지만 바로 그 대상을 법 위에 군림하며 향유하는 존재로 여겨진다.

이렇게 향유하는 아버지의 모습은 프로이트가 『토템과 터부』에서 제시한 '원초적 아버지(primal father)'의 신화 속에 잘 구현되어 있다. 인류학적인 연구 성과와 대담한 상상력으로 프로이트가 재구성한 원초적 아버지는, 무리의 모든 여성들을 독점하고 다른 남성들에겐 접근을 금지한 아버지이다. 쾌락을 박탈당한 형제들은 단결하여 아버지를 살해하지만, 죽은 아버지는 초자아라는 죄의식으로 부활하여 영원히 죽지 않는 더욱 강력한 아버지로 살아남는다. 오이디푸스 콤플렉스가 인류 역사의 시원의 지점에서 신화적으로 재구성되고 있음을 알 수 있다. 여기서 아버지가 누리는 쾌락은, 금지되어 있기에 불가능하지만 근원적인 환상으로 주체의 욕망을 무한히 자극한다.

어머니의 몸과 아버지의 쾌락은 금지된 대상, 즉 물의 원형이다. 이로부터 다른 구체적인 예들의 무한한 추출이 가능하겠지만 이 모두를 희열(jouissance)과의 관련 속에서 이해할 수 있을 것이다. 희열은 주체가 감당하기 어려운 극도의 (고통스러운) 쾌락, 쾌락 이상의 쾌락을 의미하는 라캉의 독특한 개념이다. 지젝(Slavoj Zizek)이 물을 '불가능한 희열의 구현'이라 부르는 것은 시사하는 바가 크다.[2] 그것은 금지되어 있기에 근본적으로 불가능하지만 무한한 쾌락의 환상을 생산하는 대상인 것이다. 인간 주체의 탄생은 이 타자로부터의 필연적인 소외에 기반하고 있다. 동시에 소외는 이 가장 소중한 대상에 대한 지울 수 없는 욕망을 주체 속에 잉태한다. 희열은 내 존재의 한가운데에 자리 잡고 있지만 내게는 이질적인 낯선 대상이다.

결여

금지된 대상, 물은 어머니의 몸이나 아버지의 쾌락과 같은 무한한 희열을 약속하고, 욕망은 바로 이 대상을 중심으로 구성된다. 그런데 여기서 반드시 기억해야 할 것은 물이 원래부터 존재하는 본질적인 실체가 아니라는 점이다. 다시 말해 그것은 금지 이전에 법과 무관하게 실제로 존재하는 대상이 아니고, 오히려 금지 이후 사회적 현실의 안으로부터 투사된 환상이라는 것이다. 금지는 이전엔 평범하고 무의미하던 대상을 비범한 가치를 지닌 특별한 대상으로 전환하는 특성을 지닌다. 금단의 사과는 실제 이상의 엄청난 쾌락을 약속하며 인간을 유혹하는 것이다. 접근할 수 없는 상황이 대상의 과잉평가를 유도한다.

상징질서로 탄생하는 과정에서 어머니의 몸으로부터 소외된 주체는 아버지의 법 너머의 무한한 희열을 간직한 대상으로 어머니의 몸을 이상화한다. 어머니와 아이 사이의 신비로운 공생관계라는 관념도 이렇게 탄생한다. 공동체의 쾌락을 독점적으로 향유한다고 추정되는 원초적 아버지의 희열도 사실은 실체 없는 환상에 불과하다. 아버지를 살해한 후 형제들의 손에 남는 것은 오직 견딜 수 없는 죄의식뿐이다. 금지의 기제를 통해 탄생한 금지 너머의 희열은 사후에 구성된 환상인 것이다. 그것은 소외 이전에 존재하는 실체가 아니라 소외 이후에 등장한 소외의 부산물이다. 물론 아버지의 법 안으로 편입된 주체는 소외 이전의 상태에 대한 환상을 품기 십상이다. 현실을 구성하는 배제의 논리가 필연적으로 환상을 생산하기 때문이다. 소외되지 않은 원래의 상태라는 관념은 허구이다.

여기서 주체는 대상의 결여 또는 부재를 상실로 착각한다. '결여(lack)'와는 달리 '상실(loss)'은 상실 이전의 완전한 충만의 상태를 전제한다. 대상은 이제 처음부터 없던 것이 아니라 주체가 잃어버린 대상, 따라서 다시 되찾아야 할 대상으로 바뀐다. 흔히 과거는 보다 아름답고 보다 완벽한 시간으로 기억된다. 그것이 현재의 시점에서 재구성된 환상임에도 불구하고 과거의 본질적인 속성으로 오인되고, 나아가서 현재의 시간은 과거로부터 소외된, 즉 과거의 '영광'을 잃어버린 불완전한 시간으로 인식된다. 현재는 잃어버린 과거를 욕망하게 된다. 오이디푸스 이전의 어머니의 충만함 같은 관념도 역시 마찬가지다. 주체는 부재하는 대상으로서가 아닌 잃어버린 대상으로서 어머니의 몸을 구성한다. 부재를 상실로 전환함으로써 어머니의 몸에 대한 근원적인 환상을 품게 되는 것이다.

쾌락과 충동

쾌락원칙과 그 너머

 라캉의 윤리가 긍정하는 욕망은 물론 이러한 환상에 사로잡힌 욕망이 아니라 환상을 가로지르는 욕망이다. 그것은 잃어버린 대상이 아닌 부재의 대상을 향하여 움직임으로써 현실의 한계를 뛰어넘는 윤리적 행동과 관련된다. 우리는 이러한 욕망을 쾌락원칙(pleasure principle)과 그 너머라는 틀 속에서 이해해야 할 것이다.

 프로이트는 쾌락원칙을 불쾌를 줄이고 쾌락을 늘리려는 원칙으로 규정한다.3) 이렇게 보면 쾌락원칙은 현실적인 요구에 맞추어 순응하고 타협하려는 현실원칙(reality principle)과 충돌하는 것처럼 보인다. 현실원칙이 만족을 가져다줄 수 없는 현실의 우위를 앞세운다면, 이에 맞서 쾌락원칙은 쾌락의 즉각적인 만족을 위해 좌충우돌하는 모습으로 쉽게 이해될 수 있는 것이다. 이에 따르면 쾌락원칙은 현실원칙과 모순적인 관계를 형성한다.

쾌락원칙은 그러나 의외로 매우 보수적인 성격을 지닌다. 이는 쾌락을 추구하는 동시에 불쾌를 회피하는 쾌락원칙의 특성에서 기인한다. 가령 무한한 쾌락을 약속하는 사회적으로 금지된 대상이 있다고 치자. 이때 쾌락을 획득하기 위해서는 금지의 법이 정해 놓은 사회적인 한계를 넘어서야 한다. 즉, 법을 위반해야 하는 것이다. 위반은 곧 처벌을 의미한다. 금지를 위반한 자에 대한 처벌의 혹독함은 엄청난 쾌락을 약속하던 욕망의 대상을 불쾌의 대상으로 전환시킨다. 쾌락원칙은 결국 불쾌를 피하기 위해 금지된 대상을 포기하게 한다. 욕망이 근본적으로 금지된 대상의 획득을 추구한다면 쾌락원칙은 욕망에 적대적일 수밖에 없다. 현실원칙과 대조적인 것으로 보이던 쾌락원칙은 금지된 대상 앞에서는 현실원칙과 결합하여 욕망을 포기하게 만든다. 쾌락원칙은 사회적 법의 한계를 넘어서지 못한다.

라캉은 그래서 쾌락원칙을 '너무 많은 쾌락(too much pleasure)'을 피하고자 하는 원칙으로 해석한다.(54) 여기서 '너무 많은 쾌락'은 사회적으로 금지된 쾌락, 즉 희열을 의미할 것이다. 쾌락원칙은 따라서 희열을 포기하고 사회가 인정하는 한계 안에서 쾌락을 추구한다. 그것은 위반과 만족의 원칙이라기보다는 포기와 순응의 원칙이다.

쾌락원칙이 지닌 이러한 역설은 쾌락과 희열의 연속성과 차이를 분명히 드러낸다. 쾌를 지향하는 쾌락원칙이 사회적으로 인정되는 쾌락에 만족하고 더 큰 쾌락을 포기함으로써 '더 큰 쾌락'으로서의 희열이 분리되는 것이다. 같은 쾌락에서 출발하지만 법의 금지를 만나면서 쾌락은 문화의 테두리 내에서 용인되는 쾌락과 문화가 금지하기에 고통을 수반하는 희열로 나누어진다. '희열은 금지를 넘어섬으로써 획득될 수 있는 고통스러운 쾌락'이다. 반면 쾌락원칙은 희열을 포기하고 쾌락에 안주한다.

쾌락원칙은 사회가 정해 놓은 법의 한계를 결코 벗어나지 않는다. 그것은 주체를 금지된 대상의 '위험'으로부터 보호해 준다고도 말할 수 있다. 주체가 자신의 '도덕성'을 유지할 수 있도록 도와주는 것이다. 쾌락은 따라서 도덕적 선(善)과 깊은 관련을 맺는다. 라캉은 의도적으로 도덕적 선을 영어 'the good'으로 제시한다. 영어에서 '굿'은 도덕적인 '착함'뿐만 아니라 경제적인 맥락에서의 '상품'을 의미한다. 쾌락은 도덕적인 선에서 물질적인 풍요와 '안락'으로 그 뜻이 확장된다.(72) 쾌락원칙은 희열을 회피함으로써 도덕공동체의 법을 준수하는 데서 멈추지 않고 자본주의가 제공하는 물질적인 쾌적함에 안주하는 성향을 띤다. 자본주의 너머는 쾌락 너머의 희열처럼 현실의 편안함을 파괴하는 위험한 대상일 뿐이다. 반면 자본주의 내부의 물질적 쾌락은 그 편리한 풍요로움으로 편안과 안락을 약속한다. 쾌락원칙은 도덕적으로 그리고 경제적으로 지배질서의 현상유지에 기여하는 보수적인 원칙이다.

그러나 쾌락원칙을 넘어서려는 충동이 주체 속에 지울 수 없는 욕망으로 존재한다는 사실을 잊어서는 안 된다. 희열의 금지는 금지를 위반하려는 욕망을 필연적으로 수반한다. 쾌락에 안주하지 않고 희열을 만끽하려는 충동이 만족을 요구하며 끈질기게 지속된다. 만족이 이루어지지 않을 때 '해로운 결과가 나타나고 심각한 장애가 발생'할 정도로 이 욕망은 집요하고 절실하다.(92) 그것은 고통을 피하려는 쾌락원칙을 비웃으며 오히려 고통을 기꺼이 받아들이고 고통스러운 쾌락을 즐기고자한다. 프로이트의 '쾌락원칙을 넘어서(beyond the pleasure principle)'라는 문제의식도 이 충동의 존재에서 기인한다. 프로이트의 문제의식은 쾌락원칙을 넘어서는 새로운 원칙, 즉 쾌락 너머의 원칙이 존재함을 역설하고 있다.

죽음충동

쾌락원칙이 부과한 한계선을 넘어 금지된 대상을 지향하는 욕망을 라캉은 프로이트를 따라 '죽음충동(death drive)'이라 부른다. 희열을 추구하는 욕망이 왜 하필 죽음과 연관되는 것일까? 우리는 이것을 굳이 생물학적인 죽음으로 받아들일 필요는 없다. 만약 그렇다면 그것은 마치 자살충동처럼 이해될 것이기 때문이다. 여기서 라캉이 뜻하는 '죽음'은 상징적인 맥락에서의 삶의 끝 또는 그 너머를 의미한다. 사회적인 금기를 위반한 욕망의 주체는 강력한 법의 처벌에 직면하게 된다. 더 이상 관습과 상식의 안전한 영역 안에서 보호받지 못하고, 사회의 보호막 밖으로 추방된다. 그것은 쾌락원칙에 기초한 삶의 종언을 의미한다. 충동은 쾌락원칙 너머 상징적인 죽음의 공간으로 주체를 이끈다.

처벌이 아니더라도 도덕과 쾌락 너머의 욕망을 행동으로 옮기는 순간 그는 이미 쾌락의 법에 기초한 공동체의 테두리 밖으로 발을 내딛는 것이다. 그의 몸은 더 이상 문명 안에서의 삶에 있지 않다. 그는 문명 너머 '야만'의 들판에 몸을 맡기게 된다. 살아있으나 살아있지 않은 '죽음'의 상태로 들어간다. 주체는 욕망의 직접적인 만족을 추구함으로써 스스로의 죽음을 맞이한다. 그는 이전의 삶과는 다른 새로운 삶의 공간으로 진입한다. 그것은 안전한 쾌락이 아닌 고통스러운 희열의 공간이다. 그는 희열을 위해 사회적인 위협과 처벌을 감수하고, 도덕주의적인 삶 너머에 새로이 자리 잡는다. 따라서 쾌락원칙을 넘어서는 욕망은 모두 죽음을 향한 욕망이라고 볼 수 있다. '모든 충동은 죽음충동'이라는 라캉의 주장도 이런 맥락에서 이해되어야 할 것이다.

욕망과 충동

그렇다면 충동(drive)은 무엇인가? 또 충동은 욕망과 어떻게 다른가? 라캉의 개념들이 대개 그렇듯이 욕망과 충동이라는 개념도 그리 단순치 않아서 많은 혼동을 불러일으킨다. 그 둘 사이의 관계는 더더욱 그렇다. 그러나 여기서 중요한 것은 개념이 야기하는 복잡한 혼돈 속으로 무작정 빨려 들어가는 것이 아니라 라캉의 윤리를 이해해 가는 과정에서 꼭 필요한 만큼 개념을 요령 있게 포착하는 것이다.

간단히 말하면 욕망은 욕망과 충동을 포괄하는 상위개념이다. 상위개념으로서의 욕망이 다시 그 하위개념으로 자기 자신과 충동을 거느리는 것이다. 이는 마치 쾌락이 다시 쾌락과 희열로 나누어지는 것과 비슷하다. 이런 식의 개념 구성은 정신분석 이론에서 결코 낯선 일이 아니다. 지젝에 따르면 히스테리(hysteria)는 강박신경증(obsessional neurosis)과 히스테리를 포함하고(191), 현실은 다시 현실과 실재로 나누어진다.[4] 욕망과 충동의 관계도 이러한 맥락에서 이해되어야 할 것이다. 다시 말해 욕망이 큰 개념으로 사용될 때는 충동과 겹치지만 작은 개념으로 쓰일 때는 충동과 구별된다고 볼 수 있다.

사회적인 금기를 내면화함으로써 문화 속으로 탄생한 주체는 그 금기로 말미암아 지울 수 없는 욕망을 지니게 된다. 욕망은 본질적으로 금지된 대상이 약속하는 희열을 향해 움직인다. 대상에 의해 활성화된 욕망의 일부는 그러나 문화와 제도로 인해 다시 사회적인 환상으로 수렴되면서 쾌락원칙에 묶이게 된다. 이때 사회적인 환상에 잡히지 않은 욕망은 쾌락원칙을 넘어서 직접적인 만족을 요구하는 욕망으로 다시 태어난다. 이것이 바로 충동이다. '충동의 경로는 쾌락원칙과 관련하여 주체에게 허용된 위반의 유일한 형식'이라고 라캉은 말한다.5) 충동은 쾌락원칙을 위반하고 희열을 향유할 수 있는 유일한 방식이다. 욕망이 쾌락의 현실에 안주한다면 충동은 희열의 실재를 향해 끊임없이 움직인다.

충동의 주요한 특징 중 하나는 생식과 성기 중심의 조직화를 거부한다는 점이다. 우리는 지금도 이른바 '정상'적이고 '성숙'한 성을 생식과 성기를 위주로 한 성애 활동으로 생각한다. 그러나 이미 프로이트는 사회적으로 규범화되기 이전의 인간의 성, 즉 충동이 본질적으로는 '다형적 도착성(polymorphously perverse)'을 띠고 있음을 지적한 바 있다.6) 성적인 욕망은 하나의 형태로 고정된 것이 아니라 지극히 다양한 양태로 활성화되어 있어 '정상'적인 규범의 기준으로 본다면 '도착적'이라고밖에 볼 수 없는 것이다. 충동은 이처럼 생식과 성기라는 규범으로는 도저히 설명될 수 없는 '비정상'적인 다양성을 지닌채 자유롭게 흘러 다닌다. 충동은 표준화된 사회규범을 따르지 않는다.

충동이 부분충동(partial drives)인 이유도 바로 여기에 있다. 충동이 지향하는 대상들은 하나의 가치를 중심으로 체계화되어 있지 않고 개별적인 대상들로서 파편화되어 서로 흩어진 채로 존재한다. 대상들은 전체 조직의 일부로서 존재하는 것이 아니라 전체와 무관한 개체로서 존재하는 것이다. 이런 의미에서 대상은 부분대상(partial objects)이고 충동은 부분충동이다. 충동은 파편화된 부분대상들을 지향함으로써 총체성에 기초한 사회의 규범체계를 넘어선다. 따라서 충동은 상징질서보다는 그것이 배제하고 있는 실재에 더 가깝다. 상징질서가 남근(phallus)이라는 초월적인 기표를 중심으로 육체와 욕망을 체계적으로 조직화하는 도덕과 규범의 지배질서라면 충동은 현실 너머의 실재와 관련된다.

몸의 윤리를 향하여

도덕의 위기와 정신분석

라캉이 제시하는 정신분석의 윤리가 쾌락원칙 너머와 죽음충동의 만족에 있다는 것이 분명해진다. 그것은 쾌락과 욕망의 순응주의를 거부하는 희열과 충동의 윤리이다. 이러한 윤리가 중용과 절제를 미덕으로 삼는 전통윤리를 부정하리라는 것은 새삼 다시 설명할 필요가 없을 것 같다. 윤리는 사회법을 넘어선 지점에서 시작한다고 라캉은 주장한다.(75~76) 그는 새로운 윤리의 가능성을 우선 사회법의 금지를 위반하고 충동을 만족하는 행위에서 찾고 있다. 그는 무엇보다 사회가 배제하고 있는 실재와의 관계를 회복하는 데서 윤리의 가능성을 본다.

특이하게도 라캉의 정신분석은 가장 비윤리적으로 보이는 욕망과 위반에서 생산적인 힘을 발견한다. 그런데 아무리 대범하고 개방적인 사고방식을 지닌 사람도 여기서 주저하지 않을 수 없을 것이다. 과연 이것이 윤리일 수 있는가? 만약 도덕법을 부정하고 충동의 만족을 실천하는 행동에 윤리가 있다면 자신의 희열을 위해 살인을 마다하지 않는 잔인한 연쇄살인범의 행동도 윤리적이란 말인가? 도대체 이게 말이나 되는가? 이러한 윤리의 진정한 의미와 가치는 무엇인가? 이런 의문들은 지극히 정당하고 반드시 필요하다. 그리고 이 질문들에 제대로 대답할 수 있어야만 라캉의 윤리는 진지한 고려의 대상이 될 수 있을 것이다.

라캉은 정신분석이 지니는 역사적인 의미를 설명하면서 18세기 말 프랑스 혁명기를 언급한다. 프로이트의 정신분석이 당시에 극적으로 표출된 '도덕의 위기'에 대해 진정한 대답 또는 해결을 제시한다고 주장한다.(70) '도덕의 위기'는 구시대의 질서가 무너지고 새로운 질서가 확립되지 않은 혁명기의 가치관의 혼돈을 가리키는 것일 수 있다. 이 혼돈을 서구의 근대가 탄생하는 순간에 원형적으로 자리 잡고 있는 도덕적 위기 상황으로 본다면, 이를 타개할 수 있는 새로운 윤리를 20세기의 정신분석이 제시한다고 보는 것이다. 라캉은 사실상 정신분석의 윤리를 근대의 도덕적 위기를 극복할 수 있는 유력한 대안으로 간주한다.

여기서 라캉은 보다 구체적으로 18세기 말에 동시대인으로 살았던 두 사람, 즉 칸트(Immanuel Kant)와 사드(Marquis de Sade)라는 전혀 어울리지 않는 두 사상가를 지목한다. 그들은 각각 자기 나름의 방식으로 위기에 대응했고, 동시에 위기의 일부가 되었다. 어쩌면 현대는 이 도덕적 위기의 지속인지도 모른다. 정신분석은 바로 이 위기에 대한 하나의 해결책으로 등장한다. 라캉은 칸트와 사드의 통찰들을 흡수하면서도 독특한 방식으로 그들을 관통함으로써 정신분석만의 윤리적 해결책을 제시하고자 한다.

칸트와 사드

단순하게 말하면 칸트의 윤리는 모두에게 보편타당한 방식으로 행동하라는 것이다. 라캉은 이를 이렇게 요약한다. "네 의지의 준칙이 누구에게나 타당한 법원칙으로 항상 여겨질 수 있도록 행동하라."(77) 윤리는 현실적인 이해관계나 공리적인 이익을 떠나서 보편적인 도덕법의 명령을 따르는 행동에 있다. 그 명령은 무조건적으로 따라야 하는 도덕적인 의무이다. 칸트는 이렇게 병리적인 이해에 구속되지 않은 보편성을 지향함으로써 순수하고 급진적인 윤리를 정립한다.

라캉이 구성하는 정신분석의 윤리도 칸트의 윤리에서 벗어나 있지 않다. 쾌락원칙과 도덕적 선에 관한 우리의 논의를 기억한다면 그것들이 현실적인 이해관계나 공리주의적인 원칙에 종속되어 있음은 분명히 드러난다. 쾌락원칙은 행동의 득실을 따지고 물질적인 편리함에 안주하는 원칙이기 때문이다. 반면 충동의 만족을 추구하는 쾌락 너머의 원칙은 이러한 병리적인 이해와 무관한 무조건적인 명령으로 등장한다. 나아가서 "네 욕망을 포기하지 말라"는 실재의 명령은 모든 주체에게 보편타당한 행동의 준칙이 된다. 라캉은 바로 여기서 정신분석의 윤리적 가능성을 발견한다. 욕망은 다시 말해 칸트적인 의미에서 윤리적일 수 있다.

칸트의 윤리학에 대한 정신분석적인 재해석에서 특히 놀라운 것은 라캉이 칸트를 사드와 연결한다는 점이다. '불온하고 사악한' 난봉꾼 사드를 '순수하고 선한' 철학자 칸트와 나란히 놓음으로써 그는 칸트 윤리학의 그늘을 드러내고자 한다. 동시에 여기에는 너무나도 달라 보이는 두 사상가의 창조적인 만남 속에서 새로운 정신분석의 윤리를 모색하려는 문제의식이 담겨 있기도 하다. 사드는 가학적인 성욕을 가리키는 사디즘(sadism)의 어원이 된 사람으로 잘 알려져 있다. 폭력적인 도착성욕을 대담하게 표현하고 실천한 프랑스의 작가이자 철학자로 대부분의 생애를 감옥에서 보냈다. 라캉이 보기에 사드는 칸트가 의도하진 않았지만 그의 철학에서 기형적으로 잉태된 사생아이다. 전혀 이질적인 두 세계가 기묘한 짝을 이루며 18세기 말에 공존한 것이다.

사드의 도덕은 "그 어떤 타인이라도 쾌락의 도구로서 즐길 수 있는 권리를 우리 행동의 보편적인 준칙으로 삼자"(79)라는 문장으로 요약될 수 있다. 물론 그 권리는 원칙적으로 '타인'

에게도 똑같이 적용될 것이다. 여기에는 현실적인 이해관계나 공리적인 이익이 개입하지 않는다. 연민이나 공포 같은 병리적인 정서들도 역시 배제된다. 사회적인 법이나 도덕, 종교의 한계를 넘어 오로지 희열의 명령이라는 보편적인 원칙에 순수하게 봉사하는 것이다. 선뜻 받아들이기 힘들지만 이러한 사드적인 세계 역시 칸트가 말하는 윤리적인 원칙에서 어긋나지 않는다. 비록 그것이 칸트의 기형적인 변형일지라도 급진적인 윤리의 한 형태로 가능하다고 말할 수밖에 없다. 지젝은 그래서 사드를 '칸트의 진실'이라고 말한다.(81)

사드는 극단적인 형태로 욕망이 윤리적일 수 있음을 보여주지만 동시에 칸트 윤리학의 숨은 문제점을 고스란히 드러낸다. 도덕의 위기에 대응하려는 칸트의 시도가 또 다른 위기에 봉착하는 것이다. 라캉의 말대로 사드는 칸트 윤리의 '장애물' 또는 '실패'로 나타난다.(79) 정신분석은 욕망의 윤리의 가능성을 포기하지 않고 추구하면서도 사드라는 도착(perversion)의 함정을 피하는 길을 모색한다. 바로 이러한 의미에서 라캉은 정신분석이 '도덕의 위기'라는 역사적인 문제에 대해 하나의 해답을 제공한다고 주장하는 것이다. 욕망의 윤리는 칸트와 사드를 끌어안으면서 다시 그들을 넘어서기 때문이다. 라캉은 칸트/사드의 윤리학을 버리기보다는 욕망이라는 정신분석 담론으로 그것을 관통하고 또 그것보다 한 걸음 더 내딛음으로써 욕망에 기초한 급진적인 윤리를 구성하고자 한다.

억압 없는 만족

승화

 라캉이 정신분석의 윤리를 구체화하는 데 있어 가장 핵심적인 개념은 '승화(sublimation)'이다. 흔히 승화는 사회가 인정할 수 없는 성적인 욕망을 사회가 받아들일 수 있는 방식으로 변형하는 과정으로 이해된다. 예술창작이나 지적인 행위처럼 사회적으로 높은 가치가 부여된 활동을 통해 금지된 욕망에 대해 일종의 대리만족을 얻는 것이다. 그러나 라캉은 승화에 대한 이러한 상식적인 견해를 거부한다. 충동은 사회적인 인정과 상관없이 직접적인 만족을 지속적으로 요구할 뿐만 아니라 승화를 통해 얻게 되는 '대리만족'은 충동의 요구에 비해

턱없이 부족하기 때문이다. 사회와 충동 사이의 모순은 승화의 과정 속에서 결코 해소되지 않는다. 오히려 승화는 사회의 안전을 위협하는 위험한 충동들을 전체 질서 속에 안전하게 포섭하여 길들이려는 허구적인 시도로 전락하기 십상이다. 이때 승화는 순응주의의 또 다른 이름에 불과하다.

승화라는 개념이 정신분석에서 가지는 생산적인 힘을 되살리기 위해 라캉은 다시 프로이트로 돌아간다. 하지만 프로이트는 승화에 관한 일관된 이론을 가지고 있지 않았던 것이 사실이다. 라캉은 프로이트로 돌아가되 승화에서 규범이나 공리주의적인 흔적들을 제거함으로써 개념을 순화한다. 승화에 관한 프로이트의 작업에서 그는 승화의 한 가지 핵심적인 정의를 찾아낸다. 승화는 충동을 억압하지 않고 그것의 직접적인 만족을 주체에게 가져다주는 창조적인 활동이라는 정의이다.(94) 이것은 사회의 승인 여부와는 무관하게 직접적으로 충동을 만족시켜주는 특징을 지닌다. 따라서 '억압 없는 직접적인 만족'으로서의 승화는 타협이나 순응과는 거리가 멀다. 그것은 욕망의 요구에 충실한 전복적인 개념으로 절제와 중용의 도덕질서에 위협적인 성격을 띤다.

억압 없는 만족으로서의 승화는 프로이트가 중요시하는 사회적인 인정과는 거리가 있다. 오히려 두 개의 정의는 서로 모순적으로 충돌할 가능성이 더 크다. 금지된 충동의 만족은 사회적으로 인정받기 어렵고, 사회가 가치를 부여하는 대상은 충동이 추구하는 대상이 아니기 십상이다. 사회적으로 인정받는 승화를 통해 부분적인 만족은 얻을 수 있을지 몰라도 억압 없는 직접적인 만족은 어려울 것이다. 라캉은 사회적인 인정을 통해 사회와 충동 사이의 근원적인 모순을 해결하려는 프로이트의 시도를 '덫' 또는 '개인과 집단 사이의 단순한 화해'라고 지적한다. 그것은 결국 잘못된 해결이라는 것이다. 충동의 만족은 본질적으로 '공적인 효용성'과는 양립하기 힘들기 때문이다.(94) 설사 승화된 대상이 사회적으로 높은 가치를 획득한다 하더라도 그것은 기껏해야 승화의 부차적인 효과에 불과할 것이다.

따라서 라캉은 승화에 대한 공리주의적인 견해를 비판하고 억압 없이 충동을 직접적으로 만족하는 과정으로 승화를 규정한다. 사회적으로 수용되는 방식으로 만족을 얻을 수 있다는 생각은 망상에 불과하다.(99) 사실 충동이 지향하는 근원적인 대상은 접근이 불가능한 대상이다. 그것은 우선 금지되어 있기에 불가능하고, 나아가서 금지 자체가 생산해 낸 실체 없는 환상이기에 더더욱 불가능하다. 여기서 승화는 근원적인 대상이 부재하는 자리에 보다 구체적인 대상을 창조한다. 일상적이고 평범한 하나의 대상이 승화의 과정에서 특별하고 비범한 대상으로 탈바꿈한다고도 말할 수 있다. 승화는 이 대상을 통해 불가능한 대상에 접근할 수 있는 길을 열게 되고 이로써 충동에 '직접적인 만족'을 가져다준다. 이렇게 라캉은 승화를 순수 만족의 급진적인 개념으로 재탄생시킨다.

육체의 윤리

충동의 만족으로서의 승화는 윤리적인 동시에 육체적이다. 그것은 쾌락원칙을 따르지 않고 오히려 쾌락 너머의 원칙을 따름으로써 욕망의 윤리적 가능성을 제시한다. 승화는 칸트적인 의미에서 윤리적이다. 만족을 요구하는 충동의 명령은 누구에게나 타당한 행동의 원칙으로 등장한다. 그 명령을 따르느냐 따르지 않느냐의 문제는 주체의 선택의 영역에 있겠지만 명령 자체는 보편적인 법의 지위를 지닌다. 더구나 승화는 희열의 직접적인 획득을 추구하기에 공리주의적인 쾌락원칙을 넘어선다. 단순한 이해득실의 계산은 충동의 흐름 속에서 무력화된다. 그것은 사회적 처벌이 가져오는 자기 이익의 희생을 무릅쓰고 얻어지는 희열이다. 윤리를 가로막는 사리사욕, 쾌락, 쓸모와 같은 병리적인 장애들을 승화는 초월한다. 따라서 승화는 칸트가 말하는 바와 같은 급진적인 윤리를 정신분석의 영역에서 실현한다고 말할 수 있겠다.

정신분석에서의 승화는 또한 육체적이다. 그것은 충동들을 억압하지 않고 만족시키는 기제이기에 피와 살의 몸을 떠나서는 생각할 수 없다. 그러므로 승화는 인간의 성적인 욕망에 깃든 육체의 윤리적 가능성을 구현한다고 볼 수 있다. 승화에 담겨있는 바로 이러한 육체의 윤리성은 칸트 윤리학이 배제하고 있지는 않지만 미처 고려하지 못한 것이다. 그것은 저속한 쾌락주의자 사드를 통해 새로이 열린 영역이기도 하다. 요컨대 육체는 칸트적인 의미에서 윤리적일 수 있다. 충동의 만족으로서의 승화는 칸트 윤리학의 급진적인 성격을 그대로 간직하면서도 윤리를 피와 살이 숨 쉬는 몸의 차원으로 속화시킨다. 정신분석은 바로 여기에서 윤리의 새로운 가능성을 추구한다.

칸트의 우화

라캉은 몸의 윤리가 칸트적인 세계에서 불가능한 것이 아님을 보여주기 위해 칸트가 제공하는 우화를 이용한다. 아름다운 여성이 침실에 있고, 한 남성에게 그녀와 하룻밤을 지낼 수 있는 기회가 주어졌다고 치자. 대신 침실에서 나가는 길에는 그의 죽음을 의미하는 교수대가 기다리고 있다.

칸트는 목숨과 쾌락 사이에 하나를 선택해야 하는 상황을 상정하고 이런 상황이라면 누구나 쾌락이 아닌 목숨을 택할 것이라고 단정한다. 자신의 이익을 추구하는 인간은 성적인 쾌락과 생명의 값어치를 비교할 것이고, 당연히 생명을 부지하기 위해 작은 쾌락에 불과한 여성과의 하룻밤을 포기할 것이기 때문이다. 다시 말해 이 상황에서는 누구나 정신분석적인 의미에서의 쾌락원칙을 따를 것이다. 병리적인 이해가 욕망에 우선한다.

칸트는 물론 병리적인 사리사욕을 압도하는 도덕률의 무게를 증명하기 위해 죽음을 각오하고 정직한 사람에 대한 허위진술을 끝까지 거부하는 사람이 있을 수 있음을 새로운 우화를 통해 강조한다. 폭군의 부당한 압력에 굴하지 않고 자신의 목숨을 던지면서까지 진실을 지키려는 선택이 불가능한 것은 아니라는 것이다. 드물긴 하겠지만 개인적인 이해관계를 넘어 도덕적 의무를 따르는 윤리적인 행동은 충분히 가능하다고 칸트는 말한다.[7]

라캉은 여기서 칸트가 손쉽게 넘어가 버리는 첫 번째 우화에 다시 주목한다. 거짓 증언을 거부하는 행동이 어렵지만 여전히 가능한 것처럼 성적인 쾌락을 위해 죽음을 무릅쓰는 행위 역시 불가능하지만은 않다는 것이다. 라캉은 칸트가 "무엇인가를 놓치고 있다"고 지적한다.(108) 자기가 죽는다는 사실을 잘 알면서도 여성과의 하룻밤을 선택하는 사람이 충분히 있을 수 있다고 라캉은 강조한다.(109) 특정한 성적인 쾌락이 목숨보다 더 큰 가치를 지니는 경우 '너무 많은 쾌락'으로서의 희열을 얻기 위해 자기 이익에 기초한 생명의 쾌락은 기꺼이 포기될 수 있다. 즉, 병리적인 이해관계를 초월하여 충동의 원칙에 충실할 수 있고, 쾌락원칙이 아닌 쾌락 너머의 원칙을 행동의 준칙으로 삼을 수 있다. 이러한 선택은 어렵지만 가능하다. 나아가서 그것은 허위 진술을 거부하는 사람의 선택만큼이나 윤리적이다.

이러한 가능성을 칸트는 간과하지만 칸트의 원칙에 충실한 몸의 윤리는 충분히 가능하다. 이때 욕망은 칸트적인 정언명령의 지위를 획득하게 된다. 욕망의 만족을 추구하는 정신분석은 바로 여기에서 윤리의 가능성을 찾는다. 승화는 '억압 없는 만족'의 기제로서 욕망의 윤리를 실현하는 방식으로 등장한다. 그러나 이 지점에서 반드시 기억해야 할 것은 이러한 욕망의 세계에는 사드의 폭력적인 욕망도 함께 섞여 있다는 점이다. 라캉은 승화와 도착을 아직은 구분하지 않은 채 칸트 속에 내재하고 있는 욕망의 윤리의 가능성을 일단 이야기하고 있다.

라캉이 칸트의 예화에서 욕망의 윤리성을 찾아내면서 동시에 또 다른 시나리오를 잊지 않고 제시하는 것은 바로 윤리에서 도착이 제기하는 문제를 염두에 두고 있기 때문으로 보인다. 여성을 '작은 조각으로 잘라내는 쾌락'을 위해 예화 속의 남자는 죽음이라는 운명을 냉정하게 받아들일 수 있다고 라캉은 지적한다.(109) 도착적인 쾌락을 위해 병리적인 쾌락원칙을 버릴 수 있는 사드적인 인물이 충분히 존재할 수 있는 것이다. 사드는 칸트의 윤리 속에 자리하고 있는 육체의 윤리적 가능성을 극단적으로 실천한 사람이다. 하지만 사드의 도착은 초자아적인 파괴일 뿐 결코 정신분석의 윤리일 수는 없다. 승화의 윤리는 사드적인 도착과는 구별되어야 한다. 여기에 정신분석의 과제가 있다.

승화, 이상화, 도착

승화의 공식

승화의 윤리는 칸트의 도덕률이 안고 있는 가능성과 문제에 대해 정신분석이 제시하는 하나의 해답으로 볼 수 있다. 무엇보다 승화는 윤리를 육체의 문제로 전환함으로써 욕망의 긍정이라는 급진적 형태의 새로운 윤리를 제시한다. 라캉은 칸트의 윤리학이 지닌 잠재적인 힘을 끌어내어 성적인 욕망과 충동에 적대적인 전통적인 윤리를 극복하고 억압과 금지가 아닌 육체의 긍정과 욕망의 만족에 기초한 급진적인 윤리를 세우고자 한다. 승화는 그 윤리를 세우는 데 중요한 개념적 초석을 제공한다. 충동은 결코 중용이나 절제로 만족될 수 있는 욕구가 아닌 것은 자명하다. 바로 그러한 충동을 만족시켜 줄 수 있는 잠재적 방식으로 승화라는 정신분석 개념이 등장하는 것이다.

그렇다면 승화는 어떻게 주체에게 억압 없는 직접적 만족을 가져다줄 수 있는 것일까? 욕망의 궁극적인 원인으로서 실재 대상은 사실상 접근이 차단된 그리고 욕망이 도달할 수 없는 불가능한 대상이다. 단지 그것이 금지되어 있기 때문만이 아니라 그것은 결국 존재하지 않는 결여의 대상이기 때문이다. 부재하는 대상을 향한 충동은 어떻게 만족될 수 있는가?

이 질문에 대한 대답은 우선 라캉의 승화 공식에 암시되어 있다. 승화는 "하나의 대상을…… 물의 품격으로 고양"한다고 라캉은 말한다.(112) 구체적인 하나의 사물이 승화의 과정을 거치면서 접근 불가능한 실재계의 대타자를 구현하는 대상으로 상승한다. 이를 통해 부재하는 결여의 대상은 구체적인 물질성을 획득하게 된다. 다시 말해 승화는 일상의 평범한 사물을 물 자체를 체현하는 비범한 대상으로 바꿈으로써 주체에게 실재 대상에 접근할 수 있는 길을 열어주는 작업이다. 주체는 이 평범한 사물을 경유하여 비범한 실재 대상을 향유할 수 있게 된다. 승화는 따라서 대상을 향한 주체의 누를 수 없는 욕망에 만족을 가져다준다.

이때 승화는 예술적 창조행위와도 관련을 맺는다. 예술이 감각적인 대상이나 재현을 통해 감각 너머의 실재를 드러내는 창조적인 활동이라고 한다면, 하나의 구체적인 대상 속에서 재현할 수 없는 물의 품격을 발견하는 승화는 그대로 미적 창조의 성격을 띠게 된다. 프로이트의 승화 개념이 예술적 창조와 깊은 연관이 있다는 것은 두루 알려진 사실이다. 그리고 라캉이 정신분석에서의 승화 개념을 비판적으로 점검하고 '사회적 인정'이라는 속성을 승화에서 제거함으로써 개념을 급진화 한다는 것은 이미 언급한 바 있다. 여기서 중요한 것은 라캉의 승화 개념이 프로이트의 '예술적 창조'라는 특성을 여전히 내포하면서도 그것을 더욱 급진적으로 확장한다는 점이다. 승화는 사회적으로 높은 가치가 이미 부여된 제도권 예술뿐만 아니라 그 너머의 모든 창조적 행위를 예술로 포괄하는 활동이 된다.

라캉은 예술을 표면의 모방이 아닌 표면 너머의 실재의 드러남과 관련하여 이해한다. 예술작품은 "단지 모방하는 척만 한다"고 그는 말한다. 예술은 현실을 모방하는 척만 할 뿐 실제로는 현실 너머의 실재를 담아내는 데에 관심을 기울인다. 예술에서는 "실재와의 관계가…… 대상을 순화되어 보이게 한다."(141) 즉, 예술 작품 속에 재현된 구체적인 대상이 재현 너머의 실재와 관련을 맺을 때 그 대상은 세속성을 잃고 순수한 대상으로 비범하게 등장한다. 따라서 대상을 실재의 지위로 고양시키는 과정인 승화는 본질적으로 예술적 창조행위에 닿아 있다.

이상화와 도착

요컨대 승화는 하나의 대상을 물 자체의 특권화된 지위로 고양시킴으로써 충동에 만족을 가져다주는 창조적인 과정이다. 충동이 금지된 타자를 향해 흘러가고 그것의 향유와 만족을 요구하는 욕망이라고 할 때, 희열을 향한 충동의 요구는 승화를 통해, 즉 일상의 구체적인 대상이 불가능한 타자의 구현체로 변화하면서 직접적으로 충족될 수 있다. 충동은 승화의 과정을 거쳐 억압 없는 만족을 얻는다.

승화의 공식은 그러나 여전히 문제를 안고 있다. 대상을 물의 지위로 올리는 승화는 이상화(idealization)나 도착과 어떻게 다른 것인가? 과연 공식은 그 차이를 보여주고 있는가? 사실 이 공식만으로 승화의 특수한 차이를 추출하는 것은 지극히 어려운 일이 아닐 수 없다. 승화를 다른 것과 구분 짓기 위해서는 승화의 공식에 더해 새로운 기준이 필요하다 하겠다. 가령 대상의 가치를 완전의 경지까지 높이는 심리 과정으로 이상화를 규정할 수 있다면,[8] 승화의 공식이 보여주는 과정과 이상화가 정확히 일치한다고 말할 수는 없지만 승화와 무엇이 다른지도 역시 분명하지 않다. 승화도 대상을 물 자체의 경지로 상승시키는 작업이기 때문이다.

이는 도착의 경우에도 마찬가지이다. 단순화의 위험을 무릅쓰고 도착을 주체가 대상의 도구로 전락하는 임상구조로 이해한다면, 도착 역시 대상을 대타자의 절대적 지위로 고양하는 작업을 전제하고 있다고 보아야 할 것이다. 주체가 도구화되기 위해서는 도구화된 주체의 주인인 대상은 반대로 어떤 결핍도 없이 절대화되어야 한다. 절대화된 대상 앞에서 주체는 자발적으로 타자의 도구가 될 수 있기 때문이다. 대상의 절대화 역시 승화의 공식 속에 내포되어 있다.

따라서 승화의 공식은 승화의 특수한 차이를 명확히 하기보다는 오히려 이상화, 도착, 승화 모두가 서로 얽혀 애매하게 한데 섞여 있음을 보여주는 공식으로 볼 수 있다. 승화의 공식이 승화에 대한 '가장 일반적인 공식'이라는 라캉의 언급은 이러한 맥락에서 이해될 필요가 있다고 본다.(112) 그것은 승화에 대해 줄 수 있는 그저 '일반적인' 공식일 뿐 이상화나 도착과의 차이를 명백히 하는 공식으로는 여전히 불충분한 것이다. 물론 승화의 차이는 이미 승화의 공식 속에 내재해 있다. 그러나 그것이 보다 분명하게 드러나기 위해서는 승화에 대한 더 깊은 이해와 약간의 인내가 필요하다. 승화라는 정신분석 개념은 육체적 쾌락과 향유의 윤리를 체현하고 있어 칸트를 끌어안으면서도 넘어서지만 여전히 이상화나 도착과 차별화되어야 할 과제를 안고 있는 것이다.

라캉에게 있어 승화가 이상화나 도착과 서로 다른 것이라는 점은 의심의 여지가 없다. 하지만 동시에 이상화와 도착이 '한계를 넘는 위반의 두 형태'라는 사실도 기억할 필요가 있다.(109) 칸트의 우화에 대한 라캉의 독특한 해석에서 보이듯이 대상에 대한 과대평가로 대상과의 하룻밤을 위해 죽음의 운명을 받아들이는 방식이 있을 수 있고, 또 대상을 작은 조각으로 잘라내는 향유를 즐기기 위해 자신의 죽음을 무릅쓰는 방식이 있을 수 있다. 대상을 찬미하는 이상화나 대상을 파괴하는 도착 모두 법과 쾌락의 한계를 넘는 위반 행위인 것이다. 승화는 이 둘과 구별됨으로써 마침내 정신분석이 제시하는 진정한 위반의 윤리로 나타날 것이다. 라캉은 궁정풍연애(courtly love)와 사드를 통하여 이상화나 도착과 구별되는 승화를 개념화하고 그것의 윤리적 의미를 밝힌다.

공백

승화를 이상화나 도착과 구분 짓는 가장 중요한 기준은 결여 또는 비어있음이다. 승화의 공식에 공백(emptiness)의 개념을 도입하는 순간 '가장 일반적'이던 승화는 그 명확한 특징을 분명히 드러낸다. '대상을 물의 품격으로 고양'하는 형식은 그대로 유지하되 결여를 품으면서 그 내용에 있어서는 이상화나 도착과 질적으로 다른 만족 방식으로 승화가 등장하는 것이다. 물 자체의 한가운데에 자리 잡고 있는 비어있음을 대상의 공백을 통해 재현하고 획득함으로써 승화는 이상화나 도착의 오류에 빠지지 않고 정신분석 윤리의 구체적인 실천방식으로 나타난다.

승화는 언제나 예술적 창조와 연관되어 있고, 예술은 라캉에게 현실의 모방이 아닌 현실 너머의 실재를 드러내는 작업이라고 위에서 언급한 바 있다. 예술은 '숨겨진 현실' 즉, 실재와의 근본적인 관계를 유지하는 창조행위이다.(141) 여기서 우리는 공백 또는 비어있음이라는 견해가 예술과 승화를 규정하는 데 있어 핵심적이라는 점을 기억해야 한다. "물은 언제나 비어있음으로 재현된다. 왜냐하면 그것은 다른 어떤 것으로도 재현될 수 없기 때문이다"라고 라캉은 단언한다.(129) 실재의 한가운데에 자리하고 있는 공백을 제대로 담아내고 드러내는 작업이 승화라는 예술적 창조행위이다. 실제로 라캉은 '모든 형태의 승화에서 비어있음은 결정적'이며, 예술 역시 '이 비어있음을 중심으로 한 조직 방식'을 특징으로 한다고 주장한다.(130) 라캉에게 공백 또는 비어있음은 승화와 예술을 실재와 관련 맺게 하는 중요한 특징이다.

공백이라는 핵심적인 개념을 염두에 두고 승화의 공식을 다시 보면 승화가 보다 구체적으로 규정될 뿐만 아니라 이상화나 도착과 어떻게 다른지도 보다 분명해진다. 승화는 공식 그대로 대상을 물의 품격으로 고양하는 창조 작업이다. 단 이때 대상은 비어있음을 체현하고 실재의 공백을 재현하는 사물이어야 한다. 대상의 비어있음을 통해 물 자체의 한가운데에 존재하는 공백에 다가갈 수 있는 것이다. 반면 이상화나 도착은 승화와 달리 대상의 비어있음보다는 충만 또는 채워짐에 더 가깝다. 그 둘은 물 자체의 비어있음을 부정하고 평범한 대상을 타자의 충만함이 구현된 대상으로 오인하는 위반의 두 방식이다.

대상의 가치를 완전의 경지로 높이는 이상화는 본질적으로 자아도취적인 환상에서 크게 벗어나지 않는다. 대상이 지니고 있지 않은 완벽한 속성을 대상에게 부여하여 대상이 마치 물의 품격을 지닌다고 착각한다. 이상화라는 심리 과정에서 타자의 근원적인 비어있음은 사라지고 대신 주체가 부여한 완전한 속성의 충만함으로 대체된다. 이것은 이상적인 자아에 대한 자기애적인 열정이 대상에 투사된 것에 불과하다. 승화가 대상의 결여를 통해 타자의 비어있음에 접근하는 실천 방식이라면, 이상화는 타자의 결핍을 부정하고 자기애적인 환상을 유지하는 심리기제로 볼 수 있다.

주체의 도구화와 타자의 절대화를 특징으로 하는 도착이 승화와 구별된다는 점 역시 명백하다. 도착이 자아도취적인 이상화와는 다르지만 타자를 절대화하여 물의 비어있음을 부인한다는 점에서 이상화와 마찬가지로 승화와 구별된다. 도착은 기본적으로 타자의 결핍을 부인하고 그 빈자리를 물신(fetish)으로 대체하는 작업이다. 이를 승화의 공식으로 이해한다면 물신으로서의 대상을 물의 품격으로 고양하여 타자의 결여를 부인하고 타자를 절대화하는 구조가 도착인 것이다. 이로써 주체는 타자의 도구로 전락한다. 승화는 물의 비어있음을 보존하지만 도착은 실재의 공백을 부인하고 파괴한다.

궁정풍연애와 이상화

궁정풍연애

라캉은 승화와 이상화의 유사성에도 불구하고 서로 어떤 지점에서 갈라지는지 보다 구체적으로 보여 주고, 또한 역사적인 문맥에서 그 의미를 드러내기 위해 서양의 중세 후기에 나타난 궁정풍연애(courtly love)를 예로 든다. 궁정풍연애는 기본적으로 높은 신분의 귀부인에 대한 기사의 헌신적인 사랑을 일컫는데 여성을 향한 충절과 찬미를 특징으로 한다. 물론 이는 중세 유럽의 독특한 연애방식이면서 문학양식이지만 그 이후에도 남녀 간의 행동방식을 규정하면서 '낭만적 사랑(romantic love)'이라고 하는 관념으로 현재까지 이어진다고 볼 수 있다.

우리의 논의에서 특히 중요한 것은 궁정풍연애에서 사랑의 대상인 귀부인은 이미 결혼한 상태이기에 기사의 사랑은 이루어질 수 없다는 점이다. 즉, 대상은 제도와 도덕의 장벽에 가로막혀 접근할 수 없는 불가능한 대상이다. 궁정풍연애는 아예 성적인 접촉의 불가능성과 육체관계의 부재를 전제로 하고 유지된다. 궁정풍연애가 주로 음유시인(troubadour)의 시와 노래로 표현되는 것은 어쩌면 당연한 일인지도 모른다. 시의 창조라는 '승화' 행위를 통해 좌절된 성적인 욕망은 어느 정도의 만족을 추구할 것이기 때문이다. 나아가서 욕망의 대상이 금지되어 있어 획득이 불가능하다는 사실은 필연적으로 여성에 대한 끝없는 이상화로 귀결될 것이다.

이렇게 보면 궁정풍연애에서의 시의 창조는 승화의 전형적인 특징들을 공유하고 있는 듯이 보인다. 그것은 분명 남성뿐만 아니라 여성에게도 금기의 제도가 만들어낸 사회적 불만을 해소할 수 있는 길을 열어주고 금지된 욕망에 만족을 가져다 주는 문화양식이다. 공식적으로 접근할 수 없는 대상에 대한 욕망은 이상화된 여성을 찬미하는 시적 창조행위를 통해 만족된다. 다시 말해 그것은 시의 창조행위 속에서 여성 대상을 물의 품격으로 고양함으로써 접근 불가능한 대상에 접근할 수 있는 길을 충동에게 제공해 준다. 어쩌면 궁정풍연애는 승화의 예로서 손색이 없는지도 모른다.

'궁정풍연애는 사실상 승화의 모범적인 형식 또는 전형'이라고 라캉이 말하는 것은 바로 궁정풍연애가 지닌 이런 측면을 고려하고 있기 때문일 것이다(128). 궁정풍연애는 대상을 물의 품격으로 고양하고 충동을 만족시켜 주는 승화의 전형적인 특징들을 그대로 품고 있다고 볼 수 있다. 그러나 여기서 반드시 기억해야 할 사실이 있다. 그것은 바로 라캉에게 궁정풍연애는 분명 이상화와 관련되어 있고, 이상화는 승화와 명백히 다른 것이라는 점이다. 따라서 궁정풍연애가 라캉이 정신분석의 윤리의 핵심 개념으로 새로이 구성하려는 승화 개념과는 엄밀한 의미에서 다르다는 데에는 의심의 여지가 없다. 궁정풍연애가 '승화의 모범적인 형식'이되 실질적인 내용에 있어서는 승화와 다를 수 있는 가능성은 여전히 열려있는 것이다.

앞서 인용한 라캉의 언급이 독자를 혼란스럽게 하는 것은 사실이다. 하지만 승화를 보다 정확하게 포착하기 위해서는 궁정풍연애가 곧 승화라는 식으로 단순하게 받아들이기보다는 이를 윤리학 세미나 전체의 맥락에서 조심스럽게 이해해야 한다. 칸트의 우화에 대한 라캉의 재해석에서 드러나듯이 라캉은 쾌락원칙의 위반 가능성을 이상화와 도착 같은 욕망 방식에서 찾아내고, 이들의 역사적인 구현 형태인 궁정풍연애와 사드를 차근차근 통과하여 이들과 구분되는 승화의 행동 방식을 정신분석의 윤리로서 새롭게 제시하고자 한다.

따라서 승화는 궁정풍연애와 사드를 제대로 관통한 뒤에야 그 개념이 명확해질 것이고, 그 전에는 여전히 모호함과 애매함을 띨 수밖에 없다. 이는 승화의 '가장 일반적인' 공식이 이상화와 도착을 모두 품고 있어 승화의 '구체적인' 차이를 드러내 주지 못하는 것과 같은 맥락이다. 여기서의 궁정풍연애는 역사적으로 구현된 승화의 구체적인 예로서 새로운 승화 개념을 구성하는 데에 훌륭한 형식적 전범을 제공해 주지만 이상화의 문제에서 자유로울 수는 없다.

이상화와 자아도취

 라캉이 궁정풍연애를 이상화와 관련하여 이해하고 있다는 점은 여러모로 분명하다. 그는 궁정풍연애에 대하여 자세히 논하면서 그것을 '여성 대상에 대한 이상화의 신앙(idealizing cult of the feminine object)'이라고 부른다.(153) 그것은 사랑의 대상이 되는 여성의 가치를 완전의 경지에까지 상승시켜 찬미하고, 이상화된 귀부인을 위해 자신의 희생을 감수하는 중세 유럽의 독특한 연애방식인 것이다. 칸트의 우화에 감추어진 위반의 한 가능성은 욕망의 대상인 여성의 가치를 과도하게 평가하여 그녀와의 하룻밤을 위해 자신의 죽음을 무릅쓰는 선택이었다. 궁정풍연애에서의 기사는 이상화된 귀부인의 사랑을 얻기 위해 기꺼이 자신의 목숨을 바칠 준비가 되어 있다. 한낱 목숨을 부지하기 위해 사랑을 포기한다면 그것은 비겁하고 불명예스러운 일이 될 것이다. 궁정풍연애는 이상화의 역사적인 전범이다.

 여기서 승화를 이상화와 혼동하지 않는 것이 중요하다. 프로이트를 인용하며 라캉은 '이상화는 대상에 대한 주체의 동일시(identification)와 관련되는 반면 승화는 (이와) 매우 다른 어떤 것'이라고 단언한다.(111) 대상에게 완전한 속성을 부여하는 이상화의 과정은 그 바탕에 대상과의 동일시를 깔고 있다. 다시 말해 대상을 향한 이상화는 주체의 자기 자신에 대한 근원적인 사랑을 동일시를 통해 대상에 투사하는 심리 과정인 것이다. 따라서 그것은 본질적으로 자아도취적이다. 이에 반해 승화는 이상화와 '매우 다른 어떤 것'으로 제시된다. 적어도 승화는 동일시나 자아도취(narcissism)와는 다른 맥락에서 사유되어야 함을 라캉은 암시하고 있다.

따라서 이상화의 역사적 예로 나타나는 궁정풍연애가 라캉이 구성하고자 하는 승화와 확연히 다르다는 점은 더 말할 나위가 없다. 궁정풍연애에서 사랑의 대상은 자체의 속성과는 무관하게 끝없이 이상화되고 그 아름다움이 찬미된다. 그것은 대상에 대한 주체의 오인(misrecognition)에 기초하기에 자아도취적이다. '궁정풍연애 이데올로기에서 노골적으로 추구된 이상화적 찬미의 요소는…… 그 성격에 있어 근본적으로 자아도취적'이라고 라캉은 지적한다.(151) 궁정풍연애에 담긴 이상화는 대상 자체에 접근하기보다는 자기 사랑의 폐쇄회로에 스스로 갇히고 마는 것이다. 그것은 대상의 근원적인 비어있음을 외면하고 그 자리에 주체 자신의 이미지를 투사하는 자기애적인 행위일 뿐이다.

자아도취적인 이상화는 거울에 비친 자신의 이미지를 사랑하는 상상적인(imaginary) 구조에서 벗어날 수 없다. 반면 승화는 상상적인 구조에 포획되는 것이 아니라 상상 너머의 실재와 관련을 맺는 작업이다. 실재를 향한 욕망을 만족시켜주기 위해 대상을 물의 품격으로 고양하는 일이 승화이기 때문이다. 이상화, 즉 대상에 대한 주체의 자아도취적인 동일시가 거울 뒤에 자리한 타자의 비어 있는 실재를 지워 버리고 주체가 투사한 이미지로 그것을 대체한다면, 승화는 공백으로서의 실재를 보전하고 그것과 근원적인 관계를 맺는 과정이다. 승화는 이상화와 달리 자아도취를 넘어 욕망의 원인인 실재의 비어있음에 다가가는 행위이다.

궁정풍연애에서 여성 대상에 대한 이상화는 그 상상적인 성격으로 말미암아 실제 현실의 여성과는 무관할 수밖에 없다. 심지어는 실재를 감춘다는 의미에서 억압적이고 기만적이라고도 말할 수 있다. 라캉이 당시 현실에서의 여성의 지위를 잊지 않고 언급하는 것은 궁정풍연애의 상상적 측면을 더욱 효과적으로 부각시키는 역할을 한다. 라캉은 '중세 사회에서 여성의 실질적인 지위'는 '사회적 교환 기능의 상관물, 일정한 수의 재화와 권력상징들의 지지물에 불과'하다는 점을 지적한다.(147) 극도로 이상화된 여성들은 사실은 남성들의 정치·경제적 권력을 지탱하는 사회적 교환의 대상에 지나지 않았던 것이다. 대상을 찬미하는 이상화가 대상의 비인격적인 지위에 기반을 두고 있었다는 사실은 대단히 역설적이다. 이상화는 그 겉모습과 달리 자기중심적이고 반(反)여성적이다.

사드: 파괴와 창조

사드

 궁정풍연애를 지나 승화의 윤리를 구성하는 과정에서 사드와 악의 문제는 윤리의 정신분석적인 탐색이 반드시 맞닥뜨릴 수밖에 없는 커다란 장애물이다. 우리가 전통적인 도덕주의의 관점에서가 아니라 도덕과 공리주의의 한계를 넘어서는 것과 관련하여 윤리를 규정한다면 사드와 도착의 문제는 피할 수 없는 일이다. 이미 언급한 대로 도착은 이상화와도 다른, 위반의 더욱 극단적인 방식이기 때문이다. 도착은 물론 정신분석의 윤리로서의 승화가 아니다. 그러나 도착이라는 이 장애물을 어떤 편견이나 두려움 없이 '제대로' 관통할 때

비로소 진정한 위반과 만족의 행동양식으로 승화가 등장할 수 있을 것이다.

라캉은 칸트의 우화를 뒤집어 읽으면서, 목숨을 잃을 것을 뻔히 알면서도 욕망의 대상과 하룻밤을 선택하는 사람이 있을 수 있음을 지적한 바 있다. 칸트는 간과하고 있지만 병리적인 이해관계를 넘어 욕망의 만족을 선택하는 행위가 충분히 가능하다는 것이다. 앞서 언급했듯이 라캉은 여기서 가능한 선택들을 열거하면서 매우 극단적인 상황을 가정한다. 바로 대상이 되는 여성을 '작은 조각으로 잘라내는 쾌락'을 얻기 위해 교수대에서의 처형을 기꺼이 감수하는 경우이다. 가끔 충격적으로 신문 지면을 장식하는 연쇄살인범이 구체적인 한 예가 될 수 있겠고, 이것을 다시 정신분석적인 용어로 일반화한다면 도착이라는 개념으로 규정할 수 있을 것이다.

18세기 말 프랑스 혁명기의 사드는 도착의 역사적인 전형이다. 칸트는 불가능하다고 쉽게 단정해 버렸지만 사드야말로 자신의 욕망을 위해 죽음을 달게 받을 수 있는 사람이었다. 그는 감옥에 갇히면서도 자신의 원칙을 포기하지 않았다. "그것은 내게 목숨 그 자체보다 더 소중하다"라고 사드는 1783년 편지에서 쓰고 있다. 사드는 심지어 자신의 생명도 기꺼이 바칠 준비가 되어있는 것이다. 칸트의 무대에서 주요 소품을 차지하는 교수대가 사드의 편지에서도 등장한다는 사실은 대단히 흥미롭다. '교수대가 바로 내 앞에 있더라도 나는 내 태도를 바꾸지 않을 것'이라고 사드는 비장하게 선언한다.[9] 교수대를 보면 누구나 뒷걸음질할 것이라는 칸트의 기대와 달리 사드는 욕망의 만족을 위해 교수대에 목을 내놓는다. 사드는 도착적인 욕망을 병리적인 이해를 넘어선 행동의 준칙으로 삼고 있다.

사드, 나의 이웃

사드를 제대로 이해하고 평가하는 데 있어 가장 문제가 되는 것은 사드에 대한 선입견이다. 그것은 인간 성욕의 극단적인 모습이 불러일으키는 혐오감 때문이기도 하고, 또 그것에 동반하는 폭력에 대한 어쩔 수 없는 공포 때문이기도 하다. 과연 우리는 무심하게 사드를 읽을 수 있는가? 솔직히 그것은 지극히 어려운 일일 것이다. 하지만 동시에 우리의 정서적인 거부감을 극복하지 못한다면 사드를 제대로 접근하는 일은 요원한 일이 아닐 수 없다. 라캉은 '도덕주의자들에 의해 항상 회피되었던' '악의 문제'를 정면으로 대면할 것을 우리에게 요구한다.(185) 역겨움은 사드를 외면하는 핑계일 뿐 사드의 진실 그 자체일 수는 없다.

라캉이 사드를 대면하고자 하는 것은 단순히 우리와 '너무나 다른' 타인을 알고 이해하려는 차원에서 비롯하는 것이 아니다. 이러한 접근 방식에는 이미 '건전한' 우리가 '사악한' 사드와는 질적으로 다르다는 도덕적 우월의식이 전제되어 있다. 적어도 이 점에 있어서 그것은 사드의 도착을 악으로 낙인

찍고 배척하는 도덕주의와 크게 다르지 않을 것이다. 라캉의 접근은 이보다 훨씬 더 근본적이다.

사드는 우리의 이웃인 동시에 나아가 우리 자신이다. 그는 우리 옆에서 같이 살고 있을 뿐만 아니라 우리 자신 속 깊은 곳 어딘가에 단단히 자리 잡고 있는 타자이다. "근원적인 악이⋯⋯ 이 이웃 안에 있다"면 "그것은 또한 내 안에도 있다"는 인식이 라캉이 사드를 바라보는 기본적인 태도이다. 따라서 사드는 단순히 타인이라기보다는 내 속에 존재하는 또 하나의 타자이다. 어떻게 보면 사드는 우리의 숨은 진실이라고도 할 수 있다. '나의 향유가 그 속에 있고 내가 감히 가까이 가지도 못하는 이 핵'이야말로 진정한 나의 이웃이다.(186) 사드는 내 속 깊은 곳에 머무르는 근원적인 악이다. 그것은 결국 남이 아닌 우리 자신의 문제이다.

우리가 사드를 있는 그대로 받아들일 때 그는 우선 인간의 위반행위가 도달할 수 있는 최대치를 보여 준다 하겠다. 사회적인 도덕규범과 공리적인 법질서가 정해 놓은 행동의 한계가 있고, 더불어 그것을 넘어서려는 강렬한 의지가 인간에게 내재한다면 사드는 그 의지를 어떤 타협도 없이 끝까지 밀고 나가 실현한 인물이다. 그것은 인간이 상상할 수 있는 악의 극치이다. 사드의 윤리는 "절대악으로의 동화를 가장 극단적인 지점까지 실현하는 데에 있다"고 라캉은 지적한다.(197) 도덕과 공리주의의 테두리를 넘어 근원적인 악의 공간을 차지함으로써 사드는 급진적인 위반의 가능성을 충격적으로 구현하고 있다.

무(無)로부터의 창조

 정신분석의 윤리는 기본적으로 한계를 넘어가는 위반의 윤리이다. 그 위반의 극치를 보여준다는 점에서 사드는 특히 욕망의 윤리와 관련하여 많은 시사점을 던져 준다. 칸트의 진실로서 성적인 욕망과 만족의 윤리적 가능성을 제시하는 동시에 순수 욕망의 윤리가 해결해야 하는 도착이라는 절실한 과제도 안겨 주는 것이다. 여기서 승화는 사드의 도착과 스스로를 구별하며 정신분석 윤리의 구체적인 실천 양식으로 등장한다. 라캉에게 사드의 위반이 승화와 일정한 거리가 있는 것은 분명해 보인다. 사드의 쾌락은 '승화되지 않은 성적인 향유'와 관련하여 주로 언급된다.(199) 승화가 주체에게 가져다주는 충동의 만족이 도착적인 향유는 아닌 것이다.

 사드는 그러나 한 가지 매우 중요한 특징을 승화와 공유한다. 그것은 바로 파괴하고 다시 창조하려는 강렬한 욕구이다. 라캉에 따르면 사드의 극단적인 폭력은 '판을 깨끗이 닦아 내고' '에너지의 새로운 분출로 다시 시작'하려는 근본적인 의지를 내부에 품고 있다. 파괴는 적어도 사드에겐 무기력해진 자연에 새로운 에너지를 가져다주는 창조적인 행위이다. 그것은 '자연의 새로운 창조'를 가능하게 함으로써 '자연의 순수한 힘'을 회복한다고 사드는 본다.(210) 기존의 질서를 파괴하지 않는다면 새로운 질서의 창조는 불가능할 것이다. 파괴는 일종의 창조의 조건인 셈이다. 지배질서의 부정을 통해 탄생한 공백의 상태에서 새롭게 시작하려는 의지는 사드가 승화의 윤리에 안겨 주는 선물이다.

이러한 사드의 원칙은 직접적인 만족을 요구하는 충동에 고스란히 적용된다. 현실에의 순응과 자아의 안락을 추구하는 쾌락원칙이 힘을 발휘함에도 불구하고 쾌락 너머에 있는 금지된 희열을 향한 충동은 강하게 지속된다. 그것은 자아의 이해타산과는 무관한 순수한 의지이다. 자아에 이익이 되지 않고 오히려 해가 됨에도 불구하고 충동은 만족을 집요하게 요구한다. 따라서 그것은 현실에 안주하는 자아에 대하여 적대적이고 심지어 파괴적인 성격을 지닌다. 충동은 현실적인 삶이 부과한 경계 너머의 실재를 향한 욕망이기 때문이다. 라캉이 모든 충동을 죽음충동이라고 보는 것도 바로 이런 맥락에서이다. 충동은 문명이 보호해 주는 삶 바깥의 존재 양식, 즉 비유적인 의미에서의 '죽음'을 지향하고, 따라서 기존의 삶의 양식에 대해서 파괴적일 수밖에 없다.

라캉은 죽음충동이 수반하는 파괴를 단순한 파멸이 아니라 사드에서처럼 새로운 창조를 가능하게 하는 생산적인 행위로 본다. 그것은 궁극적으로 현재 질서를 무의 상태로 되돌려 그 공백의 상태에서 다시 새로운 질서가 탄생할 수 있도록 만드는 창조의 의지인 것이다. 라캉은 충동을 '파괴에의 의지'로 해석할 뿐만 아니라 '새로이 출발하려는 의지', '영(零)으로부터 창조하려는 의지' 등으로 규정한다.(212) 지젝이 말한 바와 같이 죽음충동은 현실을 구성하는 '상징구조의 급진적인 소멸'(132)이고 창조의 가능성을 활짝 열어젖히는 일이기 때문이다. 진정한 새로움은 무로부터 만들어질 수 있다. 공백은 창조의 시작이다.

바로 이런 문맥에서 라캉은 죽음충동을 '창조주의적 승화'라고 일컫는다.(212) 창조주의에 대한 언급은 곧바로 그 대척점에 있는 진화론을 연상시킨다. 다시 말해 이것은 죽음충동이 진화주의가 아니라는 말이기도 하다. 충동은 기존 질서의 점진적인 개선을 통한 앞으로의 도약을 의미하는 것이 아니라 새로운 시작의 촉발을 위해 만물을 무화시키는 파괴적인 힘이다. 공(空)의 상태에서 다시 출발하려는 의지이기에 충동은 진화주의보다는 창조주의에 더 가까운 것이다. 같은 맥락에서 충동의 만족으로 규정되는 승화 역시 창조주의적인 성격을 띠게 된다. 죽음충동과 그것의 만족으로서의 승화는 따라서 정치적으로 대단히 급진적이다. 억압적인 지배질서의 전면적인 부정과 전복을 지향하는 혁명적인 창조행위이다.

도착에서 승화로

도착의 이론[10]

사드의 도착을 구조적으로 파악하고 승화와의 차이를 분명히 하기 위해서는 먼저 정신분석에서 말하는 도착의 의미를 정확히 이해해야 한다. 도착에 관한 프로이트의 견해는 그의 물신주의(fetishism)에 관한 이론에서 엿볼 수 있다. 그는 물신주의의 근원을 거세를 '부인(disavowal)'하는 데서 찾는다. 즉, 물신주의자는 여성이 남근을 지니고 있지 않다는 것을 인지하는 동시에 부정하는 '분열된 태도'를 보여준다.[11] 거세의 부인으로서의 도착은 이후 도착 개념의 이론화에 결정적인 영향을 미친다.

'규범'과 '발달'을 부정하는 라캉은 현상의 분류보다는 보다 근본적인 임상구조의 차이를 강조한다. 신경증(neurosis)은 억압(repression)의 구조를 특징으로 한다. 희열을 금지하는 법의 확립은 동시에 일탈의 욕망과 환상을 생산한다. 억압의 기제는 구조적으로 '억압된 것의 회귀(the return of the repressed)'를 내부에 품고 있는 것이다. 반면 정신병(psychosis)은 아버지의 이름이 배척(foreclosure)되어 법이 부재하는 구조이다. 기표들이 고정점 없이 떠다니는 무질서의 세계이다.12) 이들 두 임상구조와 뚜렷이 구별되는 성도착은 위에서 언급되었듯이 부인의 구조를 지니고 있다. 거세는 일어났지만 그 사실은 즉시 부정된다. 즉, 도착자는 어머니의 '상처 난' 몸에서 아버지법의 개입을 확인하고 결핍을 인식하지만 동시에 사라진 남근에 대한 상징적 대리물인 물신을 통해서 결핍을 채우고 부정한다.

요컨대 도착은 타자의 결여를 '부인'하는 구조로 정리될 수 있다. 도착자는 타자가 결핍을 품고 있다는 사실을 부정함으로써 타자를 부족함이 없는 충만한 절대적 타자로 이상화할 수 있다. 보다 정확히 얘기한다면 견딜 수 없는 외상으로서의 타자의 결핍을 자신의 남근으로 채움으로써 타자의 결여를 지운다. 타자는 따라서 주체의 개입을 통해 비로소 완전한 존재로 절대화된다.

이를 대타자로서의 아버지와 관련하여 이해한다면 도착은 아버지법의 결핍을 부인하는 구조이다. 지극히 나약하고 불완전한 현실의 아버지를 절대적인 아버지로 대체함으로써 공리적인 세속법을 초월한 절대법을 확립하려는 충동을 지닌다. 거세가 부인된 절대적 아버지는 곧 남근을 지닌 희열과 향유의 아버지이기도 하다. 형제들에게 희열의 쾌락을 금지하고 세상의 모든 쾌락을 독점한 원초적 아버지, 처벌 자체를 즐기는 초자아로서의 아버지이다.13) 도착에서의 법과 희열의 결합은 이런 방식으로 이해될 수 있을 것이다.

라캉은 도착을 다음과 같은 공식으로 표현한다. $a \diamondsuit \$$.14) 환상 공식($\$ \diamondsuit a$)을 역전시킨 이 공식은 위에서 언급한 도착의 구조를 집약적으로 표현하고 있다. 도착에서 주체($\$$)는 행위자의 지위를 갖지 못하고 타자(a)를 완성하는 도구로 전락한다. 타자의 절대성 앞에서 주체는 자유를 상실하는 것이다. 주체는 타자의 도구로서 타자의 욕망을 만족시켜줌으로써 타자의 결핍을 채운다. 타자의 절대화와 주체의 도구화는 동전의 양면이다. 도착에서 "주체는 자신을 다른 의지의 대상으로 만든다"고 라캉은 주장한다.(『Seminar XI』, p.185) 즉, 타자가 '향유하고자 하는 의지(will-to-enjoy)'의 도구로서 주체는 기능한다.

주체는 도구일 뿐이기에 여기에 질문이나 회의가 들어설 여지는 전혀 없다. 따라서 타자에 대한 절대적인 확신이 도착을 특징짓는다. 타자가 무엇을 원하는지 확실히 알고 있는 도착자는 사실상 전지전능한 초월자의 지위를 획득한다. 도착의 확신은 물론 결핍의 부인, 다시 말해 타자에 대한 잘못된 주관적 재현이다. 주체의 도구화와 타자에 대한 확신은 모두 주관을 객관으로 오인하는 데서 비롯된다.

밀레(Jacques-Alain Miller)는 라캉을 인용하며 도착을 'pere-version'으로 이해함으로써 도착의 정치적인 성격을 간결하게 요약한다. 프랑스어에서 'pere'는 아버지를 의미한다. 즉, 도착은 '아버지로 향함, 아버지를 부름'으로 해석해야 한다는 것이다. 이로써 도착을 기존 질서에 대한 전복으로 읽는 일부의 시도에 대해 정신분석적인 경고를 하고, 그것이 오히려 아버지에 호소하여 기존 질서를 유지, 강화하는 기제임을 분명히 한다. "도착은 결코 전복이 아니다"라고 그는 강조한다. 설사 도착이 기존 질서를 부정하듯이 보인다 하더라도 그것은 여전히 억압적인 구조를 지니고 있기에 진정한 전복으로 볼 수 없는 것이다.

밀레는 나아가서 '최악의 도착자는 도덕의 이름으로 말하는 자'이며, 따라서 '진정한 도착자들은…… 판사, 성직자, 교수 등 타인의 향유를 통제하는 권위의 지위에 있는 모든 자들'이라고 단언한다. '도덕법을 체현하고 있는 척하는 자야말로 진정한 사디스트'인 것이다.[15] 밀레의 이러한 주장은 사실 타자의 결핍을 부인하고 이를 주관인인 환상으로 메움으로써 타자를 절대화하는 도착의 논리가 필연적으로 이르는 귀결점을 지목하고 있을 뿐이다.

사드적인 환상

도착은 타자의 결여를 부인하고 그 공백의 자리를 물신으로 채우는 구조로 요약될 수 있다. 즉, 타자에 대한 환상과 그 환상을 대상의 본질로 오인하는 것을 핵심적인 특징으로 한다. 라캉은 사드에게 나타나는 도착을 '사드적인 환상(sadean fantasy)'이란 용어로 자주 표현한다. 사드의 도착 역시 실재에 대한 환상에 근본적으로 기반하고 있다. 사드의 환상은 특히 '타자의 파괴될 수 없는 성질(the indestructible character of the other)'에 대한 근원적인 환상으로 나타나기도 한다. 대상은 아무리 혹독한 고문에도 파괴되지 않는 어떤 본질을 소유하고 있는 것이다.

> 희생자는 최악의 시련에서도 살아남는다. 그러한 묘사(도색 문학)에서 항상 그렇듯이 작가가 끊임없이 환기하는 관능적인 매력마저 그녀는 조금도 잃지 않는다. 그녀는 언제나 세상에서 가장 예쁜 눈, 가장 감상적이고 감동적인 외모를 지니고 있다.(202)

사드가 고문을 가하는 대상은 견딜 수 없는 육체의 고통에도 불구하고 관능적인 아름다움을 그대로 간직한다. 지젝은 이를 '숭고한 몸(sublime body)'이라 부른다.(134) 그것은 부패하고 상처 입는 세속적인 몸이 아니라 육체 너머의 또 다른 육체, 오래도록 변하지 않는 영원한 몸이다. 따라서 고문은 병리적인 고통에 종속되지 않는 대상의 아름다운 본질을 확인하고 드러내는 작업의 성격을 띠기도 한다. 이처럼 사드의 도착은 타자의 '파괴될 수 없는' 본질에 대한 근본적인 환상에 의존하고 있다.

사드가 희생자에게서 발견하는 '가장 감상적이고 감동적인' 아름다움은 사실은 희생자의 실재적인 속성이 아니라 고문의 집행자가 대상에 상상적으로 투사한 환상에 불과하다. 대상은 환상적인 아름다움이라는 속성을 지니고 있지 않음에도 불구하고 그 결핍은 부정된다. 사드는 타자의 실재적인 비어있음을 인정하지 않고 통속적이기까지 한 물신으로 이를 부인하는 것이다. 라캉은 사드적인 환상의 구조를 설명하며 "희열이 대상 속에서 석화石化할 때 그것은 검은 물신이 된다"고 언급한다.(『Ecrits』, 652) 희열이 대상의 결여를 대체하는 물신이 된다면 그것은 도착에 다름 아니다.

희생자의 파괴된 몸에서 피어나는 관능적인 아름다움에 대한 환상은 물론 대타자에 대한 환상이라는 보다 일반적인 구조의 구체적인 표현이다. 대타자의 결핍은 부인되고 절대적 법에 대한 확신으로 대체된다. 사드는 쾌락이라는 신성한 법의 명령을 전달하고 집행하는 도구의 역할을 충실히 수행한다. 사드는 심지어 희생자 속의 '파괴될 수 없는' 아름다움을 드러내는 도구로서 타자를 고문한다고도 볼 수 있다. 라캉의 말대로 사디즘에서 가학적 행위자의 '존재는 도구에 불과한 것으로 축소'된다.(『Ecrits』, 652) 대타자에 대한 환상 속에서 고문을 집행하는 사디스트가 대상의 파괴된 몸에서 환상적인 미모를 발견하는 것은 따라서 지극히 당연한 일이다.

사드가 몸속의 몸, 육체 너머의 또 다른 육체라는 쾌락원칙 너머 실재의 공간에 진입하는 것은 사실이다. 또 사드의 극단적인 파괴 정신이 무로부터의 창조라는 죽음충동의 전복적 측면을 보여 주는 것도 역시 사실이다. 하지만 그는 바로 실재적 공간의 비어있음을 부인하고 그 자리를 환상적인 물신으로 채움으로써 타자의 특이성을 지우는 결정적인 한계를 안고 있다. 더구나 이러한 근원적인 환상이 있기에 대상에 대한 폭력도 정당화될 수 있다. 왜냐하면 주체는 (대)타자의 도구에 불과하고, 파괴는 대상의 '아름다운' 본질을 드러내는 과정일 뿐이기 때문이다.

승화와 도착

타자의 결여를 부인하는 도착에 견주어 승화는 대상 속에 내재하는 비어있음을 그대로 받아들이고 그 자체를 사랑하는 일이다. 도착이 실재의 공백을 환상적인 실체로 채운다면, 승화는 환상을 가로질러 대상의 존재 자체와 관계를 맺는다. 다시 말해 승화는 타자의 비어있는 실재를 향한 욕망을 직접적으로 만족시켜 주는 작업이다. 실재의 핵에 자리한 공백이 욕망을 불러일으키고, 승화는 그 욕망에 순수한 만족을 가져다준다.

요컨대 충동은 쾌락원칙 너머의 실재를 향한 욕망이고, 승화는 대상을 물의 품격으로 고양함으로써 충동에 억압 없는 만족을 선물하는 창조적인 행위이다. 여기에 실재의 공백을 도입하면 승화는 도착과 달리 대상의 한가운데에 있는 비어있음과 사랑에 빠지는 사건으로 볼 수 있다. 이 사랑을 억압 없이 만족할 때 승화는 마침내 이루어지는 것이다. 이렇게 이해한다면 승화와 도착의 구조적인 차이는 보다 명백해진다.

아름다운 안티고네

안티고네

승화의 윤리를 구체적으로 드러내기 위해 라캉은 소포클레스(Sophocles)의 비극 『안티고네(Antigone)』를 예로 든다. 주인공 안티고네는 사드의 도착과 대조되어 욕망의 만족에 기초한 정신분석의 윤리를 구현하는 인물로 제시된다. 기원전 441년경에 쓰인 『안티고네(Antigone)』는 공동체를 배반했다는 이유로 안티고네의 오빠 폴리네이케스(Polyneices)의 매장을 금지하는 테베(Thebes)의 왕 크레온(Creon)과 오빠의 시체를 거두어 새와 짐승의 먹이가 되는 것을 막고 적절한 장례를 치르려는 안티고네의 갈등을 핵심 주제로 다루고 있다.

오이디푸스(Oedipus)는 테베의 왕권을 두 아들 에테오클레스(Eteocles)와 폴리네이케스에게 물려주면서 서로 번갈아 다스리도록 했지만 에테오클레스는 약속을 지키지 않았고, 이에 쫓겨난 폴리네이케스는 조국 테베를 공격하는데, 이 싸움에서 두 형제는 모두 서로의 손에 죽고 만다. 연극은 두 형제가 죽은 상태에서 그들의 누이, 안티고네와 이스메네(Ismene)의 대화로 시작한다. 안티고네는 하늘의 법을 이야기하며 새로 왕이 된 크레온의 명령을 어기고 오빠의 시신을 묻으려고 시도한다. 그녀는 죽음의 위협에도 결코 굴하지 않고 자신의 원칙을 끝까지 고수하다 밀폐된 동굴에 갇히게 되고 결국 스스로 목숨을 끊는다. 이 죽음으로 크레온은 모든 것을 잃고 마침내 파멸한다.

조국을 배반하고 공동체에 심각한 해를 끼친 폴리네이케스를 크레온이 엄벌하는 것은 어떤 관점에서 보면 당연한 일일 수도 있다. 강력한 처벌을 통해서 폴리네이케스의 행위를 단죄하고 본보기를 세움으로써 공동체의 이익을 보호해야 하는 것이다. 크레온은 여기서 한 인간의 존엄성이라는 보편적인 윤리가 아니라 공리주의적이고 인간적인 세속법을 따르고 있다. 다수의 공익이 그에겐 더 중요하다.

하지만 안티고네는 합리적인 크레온의 명령이 신의 질서에 어긋나는 것으로 보고 그 법을 전적으로 거부한다. 그녀는 죽음의 위협에도 불구하고 오빠의 시신을 보호하려는 자신의 의지를 끝까지 꺾지 않는다. 정신분석적인 문맥에서 좀 더 일반화하여 표현한다면 안티고네는 타자를 향한 금지된 욕망을 법의 위협 앞에서도 결코 포기하지 않는 인물이다. 금지된 욕망의 만족을 위해 법의 권위에 도전하고 마침내 그 법을 위반한다. 라캉의 말처럼 안티고네는 '그녀의 욕망을 통해 한계를 범하는 자'이다.(277) 그녀는 크레온이 상징하는 공리주의적이고 합리적인 질서를 거부하고 하늘의 법이라는 보다 근본적이고 보편적인 원칙을 따름으로써 세속법을 위반한다.

안티고네의 윤리

안티고네의 위반은 쾌락원칙을 넘어서는 행위이다. 쾌락을 최대화하고 불쾌를 최소화하려는 쾌락원칙이 그녀의 행동방식을 지배한다면 안티고네는 크레온이 금지한 폴리네이케스의 매장을 선택하진 않을 것이다. 처벌에 대한 공포, 즉 위반으로 야기되는 불쾌가 쾌락을 압도할 것이기에 그녀는 크레온의 명령에 순응할 것이다. 안티고네의 결심을 듣고 이스메네가 느끼는 두려움은 이런 맥락에서 이해될 수 있다. 쾌락원칙에 따라 행동하는 이스메네에게 안티고네의 선택은 불가능한 것이다. 그러나 안티고네는 바로 이 불가능한 행동을 죽음을 무릅쓰고 선택한다. 그녀는 단순한 쾌락의 이해관계를 넘어서 쾌락 너머의 원칙을 따르고 있다. 그것은 보편적인 하늘의 법을 향한 죽음충동이다.

어떻게 보면 안티고네는 지극히 비인간적인 인물이기도 하다. 공포와 연민의 인간적인 감정을 보여주는 이스메네와 달리 그녀는 병리적인 감정의 무게를 이겨내고 자신의 원칙을 지켜내는 데 있어 거의 초인적인 의지를 보여준다. 동생 이스메네의 애원도 크레온의 위협도 그리고 공동체의 비난도 폴리네이케스를 향한 그녀의 의지를 꺾지 못한다.

안티고네의 강한 의지는 마침내 크레온이 상징하는 기존 질서의 완전한 해체와 소멸을 가져온다. 그녀의 죽음은 그녀의 약혼자이자 크레온의 아들인 하이몬(Haemon)의 자살로 이어지고, 이는 다시 아들의 죽음을 슬퍼하는 크레온의 아내 에우리디케(Eurydice)의 죽음을 불러오며, 결국 크레온은 모든 것을 잃고 좌절하고 만다. 안티고네의 죽음충동은 크레온의 질서를 파괴하여 공동체를 문명 이전의 시원의 공간인 무의 상태로 되돌려 놓는다. 여기서 새로운 질서가 다시 창조될 것이다. 요컨대 안티고네의 윤리적 선택은 파괴를 통하여 새로운 질서의 가능성을 여는 창조행위로 볼 수 있다. 이러한 '무로부터의 창조'가 바로 죽음충동의 의미이기도 하다.

안티고네의 극단적인 행위는 칸트적인 의미에서 윤리적이다. 그녀의 불가능한 선택과 그것의 실현을 향한 불굴의 의지가 이미 암시하듯이, 안티고네는 윤리적 행동의 가능성을 예시하기 위해 칸트가 제시하는 우화 속의 인물을 닮아 있다. 죽음의 위협에도 굴하지 않고 끝까지 거짓 증언을 거부하는 사람처럼 그녀 역시 오빠의 시신을 보호하기 위해 권력의 부당한 압력을 끈질기게 거부한다. 그녀의 행동은 병리적인 이해득실과 무관하고, 그녀의 원칙은 누구에게나 보편타당하다. 사심 없이 그녀의 선택을 바라본다면 누구나 그것이 도덕적으로 정당함을 인정할 것이다. 따라서 안티고네는 자신의 욕망을 포기하지 않음으로써 윤리적 행동의 가능성을 구현하는 극적인 인물이다.

공백과 독특성

안티고네의 욕망과 위반, 죽음충동과 윤리적 행위 등은 모두 그녀를 욕망의 만족을 포기하지 않는 윤리적 인물로 만들기에 충분하다고 볼 수 있다. 그러나 사드와의 차이는 무엇인가? 그녀는 과연 사드와 질적으로 다른 인물인가? 사드는 그의 희생자에게서 환상적인 아름다움이라는 파괴되지 않는 본질을 보았다. 그것은 또한 대타자에 대한 사드의 환상이기도 했다. 그렇다면 안티고네는 사랑의 대상인 폴리네이케스에게서 무엇을 본 것인가? 폴리네이케스는 그 무엇과도 바꿀 수 없는 소중한 어떤 것을 그의 존재 깊은 곳에 지니고 있을 것이다. 안티고네의 욕망은 실재계에 자리한 무엇인가를 향하고 있다. 그것이 또 하나의 환상에 불과하다면 물론 그녀의 욕망과 행동은 사드의 그것과 다를 바가 없을 것이다.

안티고네가 폴리네이케스에서 찾아내는 '그 무엇'은 그녀가 동굴 감옥으로 끌려가며 내뱉는 일종의 마지막 유언 속에 암시되어 있다. 자신의 운명을 한탄하며 그녀는 자기가 이렇게 행동하는 것은 남편이나 자식은 죽어도 다시 얻을 수 있지만 아비와 어미가 없는 상황에서 오빠의 삶은 다시는 피어날 수 없기 때문이라고 말한다. 대단히 기이한 논리이긴 하지만 안티고네는 이를 통해 오빠의 존재가 다른 어떤 것으로도 대체될 수 없음을 강조하고 있다. 라캉에 따르면 안티고네의 오빠는 어느 누구도 대신할 수 없는 '독특한 무엇'을 지니고 있는 것이다.(279)

이러한 '대체될 수 없는 특이성'은 영웅이나 배신자와 같은 구체적인 특성보다는 폴리네이케스의 존재 그 자체를 지목한다. 어떤 훌륭한 업적을 남겼다거나 지적 능력이 뛰어나다거나 남다른 용맹함을 지녔다거나 하는 이유로 안티고네가 그를 사랑하는 것이 아니다. 오히려 그는 공동체를 배반한 배신자임에도 불구하고 사랑하는 것이다. 그녀가 사랑하는 폴리네이케스의 '독특성(singularity)'은 그가 구체적으로 지닌 어떤 특징의 차원을 넘어선 그의 존재 자체의 영역에 속한다. 그것은 어떤 특징도 지니고 있지 않음에도 다른 어떤 것으로도 대체할 수 없는 실재를 가리킨다. 안티고네는 구체적인 '무엇'이 아니라 존재의 한가운데에 자리하는 '공백'을 사랑한다.

라캉은 이를 '존재의 지울 수 없는 성질(the ineffaceable character of what is)'이라 표현한다.(279) 흥미롭게도 이 표현은 사드가 그의 희생자에게서 발견하는 무엇을 설명하기 위해 라캉이 사용한 '타자의 파괴될 수 없는 성질'이란 표현과 놀랍도록 닮아 있다. 적어도 형식적으로는 사드와 안티고네가 서로 유사한

구조를 공유하고 있는 것이다. 그러나 그 내용에 있어서는 서로 완전히 대조된다. 사드가 희생자의 깊은 곳에서 '파괴될 수 없는' 본질로 발견하는 것은 타자의 결여의 자리를 채운 자신의 환상이지만, 안티고네가 발견하는 타자의 '지울 수 없는 성질'은 환상으로 채울 수 없는 실재의 공백 그 자체이다. 사드는 타자의 결여를 부인하지만 안티고네는 결여를 긍정하고 사랑한다. 사드는 결여를 환상으로 채우지만 안티고네는 실재를 결여로 비워둔다.

만약 안티고네가 오빠의 어떤 구체적인 속성 때문에 그를 사랑한 것이라면 그녀의 사랑은 그 속성에 전적으로 의존할 것이다. 즉, 속성이 사라진다면 사랑도 의미를 잃을 것이다. 또한 그렇다면 그녀는 근본적으로 크레온과 다를 바가 없게 된다. 왜냐하면 크레온 역시 배신자라는 구체적인 속성 때문에 폴리네이케스를 증오한 것이기 때문이다. 하지만 안티고네의 사랑은 현실적인 존재의 구체적인 속성이 아니라 그 너머의 비어있는 실재를 향하고 있다. 라캉의 말처럼 그녀는 '어떤 내용과도 무관한 그의 존재의 독특한 가치를 긍정'하는 것이다.(279) 이때 존재의 독특성은 어떤 내용이나 속성도 지니고 있지 않기에 'What is' 즉 서술어를 뺀 '~인 것' 또는 그저 '있음'으로 표현할 수밖에 없다. 타자의 독특성을 규정하는 공백은 이러한 '속성 없는 존재'로서의 실재를 의미한다. 안티고네의 사랑은 바로 이 독특성에 닻을 내리고 있다.

사랑의 윤리

사랑과 증오

 대단히 역설적이게도 사드의 사랑은 사랑의 반대쪽에 있는 증오를 그 속에 품고 있다. 사드는 타자의 공백을 부인하고 그 실재의 자리를 자신의 환상으로 채운다고 했다. 존재를 구성하는 구체적인 속성들 중 하나에 불과한 환상으로 존재의 핵심인 실재를 대체하는 것이다. 기본적으로 환상을 대상의 본질로 오인하는 구조이다. 이때 본질로 오인된 환상은 가변적인 속성들 너머에 또는 밑에 감추어져 있다고 여겨지기 마련이다. 문화적인 관습, 사회적인 지위, 이데올로기적인 편견, 경제적인 이익 등의 비본질적인 속성들이 실재의 드러남을 가로

막고 있는 것이다. 따라서 속성들 너머에 존재한다고 확신하는 타자의 본질을 확인하고 드러내기 위해서도 도착은 필연적으로 속성들을 파괴해야 한다. 이를 통해 희생자의 세속적인 육체는 사라지고, 마침내 그 파편들 사이에서 환상적인 '아름다움'이 현현할 것이다. 사드의 도착적 사랑은 결국 파괴와 증오의 욕망이다.

반면 안티고네의 사랑은 실재의 공백을 있는 그대로 받아들이고 존중하는 일이다. 만약 어떤 특정한 속성을 타자의 본질로 보고 그것을 실체화한다면 그것은 타자에 대한 강요이고 폭력이 될 것이다. 가령 여성을 본질적으로 나약하거나 의존적인 존재로 규정하는 것은 남성이 투사한 속성을 여성의 실체로 오인함으로써 여성의 무한한 잠재력을 무시하는 일이 아닐 수 없다. 모든 실체화는 폭력의 가능성을 안고 있다. 하지만 안티고네는 그런 방식으로 사랑하지 않는다. 그녀는 배신자라는 속성을 폴리네이케스의 본질로 실체화하는 것을 거부함으로써 어떤 속성으로도 환원할 수 없는 존재 그 자체를 사랑한다. 그녀는 진정 사랑의 윤리를 실천하고 있다.

안티고네의 사랑은 동시에 실재를 둘러싼 속성에 대한 공격으로 이어지지 않는다. 물론 존재를 구체적으로 구성하고 있는 가변적인 속성들은 실재에 비해 상대적으로 비본질적인 것은 사실이다. 그러나 그렇다고 해서 속성이 무의미한 것은 아니다. 속성들 사이에 또는 너머에 존재하는 공백은 속성들을 통해서만 그리고 속성들에 기반을 두고서만 존재할 수 있기 때문이다. 비어있음으로서의 실재는 현상적인 속성들로 환원될 수는 없지만 속성들 없이는 또 존재할 수 없는 것이다. 가려진 실재를 드러내기 위해 그것을 둘러싼 속성들을 파괴한다면 그것은 비어있는 실재마저 사라지게 할 것이다. 속성이 없다면 실재도 없을 것이기 때문이다. 실재를 향한 욕망은 오직 속성을 경유함으로써만 속성 너머에 도달할 수 있기에 속성에 대한 파괴적인 형태로 나타나지 않는다. 안티고네의 사랑은 사드의 도착과 달리 파괴가 아닌 존중의 욕망이다.

순수욕망의 윤리

라캉의 정신분석이 제시하는 윤리는 "네 욕망을 포기하지 말라"는 정언명령 속에 함축되어 있다. 이때 주체가 충실히 실천해야 할 '욕망'은 생물학적인 본능이나 자본주의적인 물신숭배, 나아가서 체제 순응적인 쾌락과는 거리가 멀다. 이러한 '불순한' 욕망들로부터 자유롭다는 점에서 그것은 '순수욕망'이라 불려야 할 것이다. 정신분석이 문명 이전 자연 그대로의 '본능'을 회복하려는 낭만적인 기획이 아니라는 점을 새삼 강조할 필요는 없겠다. 그런 '본능'을 상정한다면 그것은 또 다른 환상에 빠지는 일에 불과하다. 순수욕망은 또한 물질적인 편리함을 추구하는 욕망이 결코 아니다. 생활의 안락과 실재를 향한 충동으로서의 욕망은 서로 양립할 수가 없다. 충동은 병리적인 이해타산과 무관한, 보다 근본적인 만족에 대한 무조건적인 요구이기 때문이다. 다시 말해 충동은 쾌락원칙이 아닌 쾌락 너머의 원칙을 따른다.

이러한 순수욕망의 윤리는 '충동의 억압 없는 만족'으로서의 승화를 통해 이루어진다.(293) 그것은 당연히 주체에게 억압에 기초한 도덕주의적이고 공리주의적인 지배질서를 넘어서서 욕망의 만족을 위해 비타협적으로 행동할 것을 요구할 것이고, 마침내 기존 질서의 파괴를 불러올 것이다. 파괴가 가져오는 무의 상태는 새로운 질서의 창조를 위한 바탕이 될 것이다. 만족은 평범한 대상을 물의 지위로 상승시키는 창조 작업을 통해 성취된다. 이때 상승은 자아도취적인 이상화나 실재를 환상으로 대체하는 도착이 아니라 대상을 실재의 한가운데에 자리하고 있는 공백의 구현으로 창조하는 과정이다. 여기서 공백은 다른 어떤 것으로도 대체할 수 없는 존재의 독특성을 체현하고 있다. 실재는 충동이라는 형태로 우리에게 다가오고, 그 부름에 귀를 기울여 충실히 응하는 적극적인 행위 속에 참된 윤리가 있다.

순수욕망의 만족을 요구하는 라캉의 윤리는 결국 욕망의 무한한 실현을 통해 다양성과 독특성을 끝없이 열어젖히는 새로운 질서를 지향한다. 욕망의 만족과 실천은 억압적인 지배질서와의 비타협적인 단절과 파열을 곳곳에서 불러일으킬 것이다. 그것은 생산성 향상을 위해, 민족의 앞날을 위해, 이상화된 이념의 실현을 위해, 또는 자아의 성숙을 위해 욕망의 포기를 강요하는 지배적인 윤리와 지속적으로 충돌할 것이다.

그것은 지배질서의 균열 속에 독특한 욕망들을 무한히 창출할 것이고, 나아가서 다양한 욕망들이 공존할 수 있는 열린 질서를 향해 부단한 도약을 시도할 것이다. 그것은 마침내 억압과 닫힘이 아닌 만족과 열림의 공동체를 이루어 낼 것이다.

더 읽으면 좋을 책들

『라깡의 재탄생』(김상환, 홍준기 엮음, 창작과비평사, 2002)
우리나라 라캉 학계의 최고 역량이 이 한 권에 모여 있다 말해도 과언은 아닐 것이다.

『라깡 정신분석 사전』(딜런 에반스, 김종주 외 옮김, 인간사랑, 1998)
라플랑슈 사전의 수준에까지 이르지는 못하지만 난해한 라캉 이론의 종합적인 이해를 돕는 믿음직한 사전이다.

『라캉과 정신의학』(브루스 핑크, 맹정현 옮김, 민음사, 2002)
핑크 특유의 세밀한 해설과 함께 풍부한 임상 사례를 제공하는 훌륭한 개설서이다.

『라캉과 정치』(야니 스타브라카키스, 이병주 옮김, 은행나무, 2006)
라캉 정신분석 이론의 정치적 가능성과 함의를 탐구하는 책으로 '윤리'와 정치의 깊은 관련성을 확인할 수 있다.

『라캉과 현대 철학』(홍준기, 문학과지성사, 1999)
라캉을 프로이트, 하버마스, 후설, 알튀세르와 같은 현대 사상가들과의 관련 속에서 이해할 수 있게 해 준다.

『실재의 윤리』(알렌카 주판치치, 이성민 옮김, b, 2004)
라캉 정신분석의 윤리에 대한 논의를 심도 있게 진행하는 탁월한 연구서이다.

『에크리: 라캉으로 이끄는 마법의 문자들』(김석, 살림, 2007)
라캉의 『에크리』에 대한 상세한 해설서로 라캉과 그의 사상을 친절하게 소개한다.

『욕망 이론』(자크 라캉, 권택영 엮음, 민승기 외 옮김, 문예출판사, 1994)
라캉 영어 번역의 중역이긴 하지만 라캉 원서에 접근할 수 있는 소중한 기회를 제공한다.

『이데올로기라는 숭고한 대상』(슬라보예 지젝, 이수련 옮김, 인간사랑, 2002)
라캉의 정신분석 이론이 이토록 매력적이고 도발적일 수 있다는 사실을 강렬하게 보여준 지젝의 역작이다.

『정신분석 사전』(장 라플랑슈, 임진수 옮김, 열린책들, 2004)
프로이트의 방대한 정신분석 이론을 체계적으로 정리한 발군의 사전이다.

주

1) Jacques Lacan, *Seminar VII, The Ethics of Psychoanalysis 1959-1960*, trans. Dennis Porter, Norton, 1992, p.314. 본문에서 라캉의 윤리학 세미나 인용은 쪽 번호만 괄호 안에 표기한다. 라캉의 다른 세미나 인용은 첫 인용의 경우 주석에 밝히고 이후엔 세미나 번호와 쪽 번호를 괄호 안에 병기한다.

2) Slavoj Zizek, *The Sublime Object of Ideology*, Verso, 1989, p.132. 본문에서 지젝의 인용은 주로 이 책에서 온 것이며, 쪽 번호만 괄호 안에 표기한다. 다른 저서의 인용은 별도의 주석으로 밝힌다.

3) Sigmund Freud, *Beyond the Pleasure Principle*, 1920 (*The Freud Reader*, ed. Peter Gay, Norton, 1989, p.595)

4) Slavoj Zizek, *Tarrying with the Negative: Kant, Hegel, and the Critique of Ideology*, Duke UP, 1993, p.104.

5) Jacques Lacan, *Seminar XI, The Four Fundamental Concepts of Psycho-Analysis*, trans. Alan Sheridan, Norton, 1978, p.183.

6) Sigmund Freud, *Three Essays on the Theory of Sexuality*, *The Standard Edition of the Complete Psychological Works of Sigmund Freud*, vol. 7, trans. James Strachey, Hogarth, 1953, p.191.

7) 임마누엘 칸트, 백종현 옮김, 『실천이성비판』, 아카넷, 2002, 85~86쪽.

8) J. Laplanche and J. B. Pontalis, *The Language of Psycho-Analysis*, trans. Donald Nicholson-Smith, Norton, 1973, p.202.

9) Marquis de Sade, *Justine, Philosophy in the Bedroom, and Other Writings*, trans. Richard Seaver and Austryn Wainhouse, Grove, 1965, pp.137~138.

10) '도착의 이론' 부분은 필자의 졸고, 「폭력, 정치 그리고 라캉의 정신분석: 아부 그라이브 감옥과 영화 <그리스도의 수난>에 나타난 고문의 논리와 도착의 시선」, 『비평과 이론』 (10-1), 2005, 157~160쪽 참조.

11) Sigmund Freud, "Fetishism", *The Standard Edition of the Complete Psychological Works of Sigmund Freud*, vol. 21, trans. James Strachey,

Hogarth, 1961, p.153, p.156.

12) Jacques Lacan, *Seminar III, The Psychoses 1955-1956*, trans. Russell Grigg, Norton, 1993, pp.268~269.

13) Sigmund Freud, *Totem and Taboo, The Standard Edition of the Complete Psychological Works of Sigmund Freud*, vol. 13, trans. James Strachey, Hogarth, 1953, pp.141~143.

14) Jacques Lacan, *Ecrits: The First Complete Edition in English*, trans. Bruce Fink, Norton, 2006, p.653. 본문에서 라캉의 *Ecrits* 인용은 책 제목과 쪽 번호를 괄호 안에 병기한다.

15) Jacques-Alain Miller, "On Perversion", *Reading Seminars I and II: Lacan's Return to Freud*, eds. Richard Feldstein, Bruce Fink, and Maire Jaanus, SUNY P, 1996, pp.306~320.

프랑스엔 〈크세주〉, 일본엔 〈이와나미 문고〉, 한국에는 〈살림지식총서〉가 있습니다.

001 미국의 좌파와 우파 | 이주영
002 미국의 정체성 | 김형인
003 마이너리티 역사 | 손영호
004 두 얼굴을 가진 하나님 | 김형인
005 MD | 정욱식
006 반미 | 김진웅
007 영화로 보는 미국 | 김성곤
008 미국 뒤집어보기 | 장석정
009 미국 문화지도 | 장석정
010 미국 메모랜덤 | 최성일
011 위대한 어머니 여신 | 장영란
012 변신이야기 | 김선자
013 인도신화의 계보 | 류경희
014 축제인류학 | 류정아
015 오리엔탈리즘의 역사 | 정진농
016 이슬람 문화 | 이희수
017 살롱문화 | 서정복
018 추리소설의 세계 | 정규웅
019 애니메이션의 장르와 역사 | 이용배
020 문신의 역사 | 조현설
021 색채의 상징, 색채의 심리 | 박영수
022 인체의 신비 | 이성주
023 생물학무기 | 배우철
024 이 땅에서 우리말로 철학하기 | 이기상
025 중세는 정말 암흑기였나 | 이경재
026 미셸 푸코 | 양운덕
027 포스트모더니즘에 대한 성찰 | 신승환
028 조폭의 계보 | 방성수
029 성스러움과 폭력 | 류성민
030 성상 파괴주의와 성상 옹호주의 | 진형준
031 UFO학 | 성시정
032 최면의 세계 | 설기문
033 천문학 탐구자들 | 이면우
034 블랙홀 | 이충환
035 법의학의 세계 | 이윤성
036 양자 컴퓨터 | 이순칠
037 마피아의 계보 | 안혁
038 헬레니즘 | 윤진
039 유대인 | 정성호
040 M. 엘리아데 | 정진홍
041 한국교회의 역사 | 서정민
042 야웨와 바알 | 김남일
043 캐리커처의 역사 | 박창석
044 한국 액션영화 | 오승욱
045 한국 문예영화 이야기 | 김남석
046 포켓몬 마스터 되기 | 김윤아

047 판타지 | 송태현
048 르 몽드 | 최연구
049 그리스 사유의 기원 | 김재홍
050 영혼론 입문 | 이정우
051 알베르 카뮈 | 유기환
052 프란츠 카프카 | 편영수
053 버지니아 울프 | 김희정
054 재즈 | 최규용
055 뉴에이지 음악 | 양한수
056 중국의 고구려사 왜곡 | 최광식
057 중국의 정체성 | 강준영
058 중국의 문화 코드 | 강진석
059 중국사상의 뿌리 | 장현근
060 화교 | 정성호
061 중국인의 금기 | 장범성
062 무협 | 문현선
063 중국영화 이야기 | 임대근
064 경극 | 송철규
065 중국적 사유의 원형 | 박정근
066 수도원의 역사 | 최형걸
067 현대 신학 이야기 | 박만
068 요가 | 류경희
069 성공학의 역사 | 정해윤
070 진정한 프로는 변화가 즐겁다 | 김학선
071 외국인 직접투자 | 송의달
072 지식의 성장 | 이한구
073 사랑의 철학 | 이정은
074 유교문화와 여성 | 김미영
075 매체 정보란 무엇인가 | 구연상
076 피에르 부르디외와 한국사회 | 홍성민
077 21세기 한국의 문화혁명 | 이정덕
078 사건으로 보는 한국의 정치변동 | 양길현
079 미국을 만든 사상들 | 정경희
080 한반도 시나리오 | 정욱식
081 미국인의 발견 | 우수근
082 미국의 거장들 | 김홍국
083 법으로 보는 미국 | 채동배
084 미국 여성사 | 이창신
085 책과 세계 | 강유원
086 유럽왕실의 탄생 | 김현수
087 박물관의 탄생 | 전진성
088 절대왕정의 탄생 | 임승휘
089 커피 이야기 | 김성윤
090 축구의 문화사 | 이은호
091 세기의 사랑 이야기 | 안재필
092 반연극의 계보와 미학 | 임준서

093 한국의 연출가들 | 김남석
094 동아시아의 공연예술 | 서연호
095 사이코드라마 | 김정일
096 철학으로 보는 문화 | 신응철
097 장 폴 사르트르 | 변광배
098 프랑스 문화와 상상력 | 박기현
099 아브라함의 종교 | 공일주
100 여행 이야기 | 이진홍
101 아테네 | 장영란
102 로마 | 한형곤
103 이스탄불 | 이희수
104 예루살렘 | 최창모
105 상트 페테르부르크 | 방일권
106 하이델베르크 | 곽병휴
107 파리 | 김복래
108 바르샤바 | 최건영
109 부에노스아이레스 | 고부안
110 멕시코 시티 | 정혜주
111 나이로비 | 양철준
112 고대 올림픽의 세계 | 김복희
113 종교와 스포츠 | 이창익
114 그리스 미술 이야기 | 노성두
115 그리스 문명 | 최혜영
116 그리스와 로마 | 김덕수
117 알렉산드로스 | 조현미
118 고대 그리스의 시인들 | 김헌
119 올림픽의 숨은 이야기 | 장원재
120 장르 만화의 세계 | 박인하
121 성공의 길은 내 안에 있다 | 이숙영
122 모든 것을 고객중심으로 바꿔라 | 안상헌
123 중세와 토마스 아퀴나스 | 박경숙
124 우주 개발의 숨은 이야기 | 정홍철
125 나노 | 이영희
126 초끈이론 | 박재모·현승준
127 안토니 가우디 | 손세관
128 프랭크 로이드 라이트 | 서수경
129 프랭크 게리 | 이일형
130 리차드 마이어 | 이성훈
131 안도 다다오 | 임채진
132 색의 유혹 | 오수연
133 고객을 사로잡는 디자인 혁신 | 신언모
134 양주 이야기 | 김준철
135 주역과 운명 | 심의용
136 학계의 금기를 찾아서 | 강성민
137 미·중·일 새로운 패권전략 | 우수근
138 세계지도의 역사와 한반도의 발견 | 김상근
139 신용하 교수의 독도 이야기 | 신용하
140 간도는 누구의 땅인가 | 이성환
141 말리노프스키의 문화인류학 | 김용환
142 크리스마스 | 이영제
143 바로크 | 신정아
144 페르시아 문화 | 신규섭
145 패션과 명품 | 이재진
146 프랑켄슈타인 | 장정희
147 뱀파이어 연대기 | 한혜원
148 위대한 힙합 아티스트 | 김정훈
149 살사 | 최명호
150 모던 걸, 여우 목도리를 버려라 | 김주리
151 누가 하이카라 여성을 데리고 사누 | 김미지
152 스위트 홈의 기원 | 백지혜
153 대중적 감수성의 탄생 | 강심호
154 에로 그로 넌센스 | 소래섭
155 소리가 만들어낸 근대의 풍경 | 이승원
156 서울은 어떻게 계획되었는가 | 염복규
157 부엌의 문화사 | 함한희
158 칸트 | 최인숙
159 사람은 왜 인정받고 싶어하나 | 이정은
160 지중해학 | 박상진
161 동북아시아 비핵지대 | 이삼성 외
162 서양 배우의 역사 | 김정수
163 20세기의 위대한 연극인들 | 김미혜
164 영화음악 | 박신영
165 한국독립영화 | 김수남
166 영화와 샤머니즘 | 이종승
167 영화로 보는 불륜의 사회학 | 황혜진
168 J.D. 샐린저와 호밀밭의 파수꾼 | 김성곤
169 허브 이야기 | 조태동·송진희
170 프로레슬링 | 성민수
171 프랑크푸르트 | 이기식
172 바그다드 | 이동은
173 아테네인, 스파르타인 | 윤진
174 정치의 원형을 찾아서 | 최자영
175 소르본 대학 | 서정복
176 테마로 보는 서양미술 | 권용준
177 칼 마르크스 | 박영균
178 허버트 마르쿠제 | 손철성
179 안토니오 그람시 | 김현우
180 안토니오 네그리 | 윤수종
181 박이문의 문학과 철학 이야기 | 박이문
182 상상력과 가스통 바슐라르 | 홍명희
183 인간복제의 시대가 온다 | 김홍재
184 수소 혁명의 시대 | 김미선
185 로봇 이야기 | 김문상
186 일본의 정체성 | 김필동
187 일본의 서양문화 수용사 | 정하미
188 번역과 일본의 근대 | 최경옥
189 전쟁국가 일본 | 이성환
190 한국과 일본 | 하우봉
191 일본 누드 문화사 | 최유경
192 주신구라 | 이준섭
193 일본의 신사 | 박규태
194 미야자키 하야오 | 김윤아
195 애니메이션으로 보는 일본 | 박규태
196 디지털 에듀테인먼트 스토리텔링 | 강심호
197 디지털 애니메이션 스토리텔링 | 배주영
198 디지털 게임의 미학 | 전경란
199 디지털 게임 스토리텔링 | 한혜원
200 한국형 디지털 스토리텔링 | 이인화

201 디지털 게임, 상상력의 새로운 영토 | 이정엽
202 프로이트와 종교 | 권수영
203 영화로 보는 태평양전쟁 | 이동훈
204 소리의 문화사 | 김토일
205 극장의 역사 | 임종엽
206 뮤지컬건축 | 서상우
207 한옥 | 박명덕
208 한국만화사 산책 | 손상익
209 만화 속 백수 이야기 | 김성훈
210 코믹스 만화의 세계 | 박석환
211 북한만화의 이해 | 김성훈·박소현
212 북한 애니메이션 | 이대연·김경임
213 만화로 보는 미국 | 김기홍
214 미생물의 세계 | 이재열
215 빛과 색 | 변종철
216 인공위성 | 장영근
217 문화콘텐츠란 무엇인가 | 최연구
218 고대 근동의 신화와 종교 | 강성열
219 신비주의 | 금인숙
220 십자군, 성전과 약탈의 역사 | 진원숙
221 종교개혁 이야기 | 이성덕
222 자살 | 이진홍
223 성, 그 억압과 진보의 역사 | 윤가현
224 아파트의 문화사 | 박철수
225 권오길 교수가 들려주는 생물의 섹스 이야기 | 권오길
226 동물행동학 | 임신재
227 한국 축구 발전사 | 김성원
228 월드컵의 위대한 전설 | 서준형
229 월드컵의 강국들 | 심재희
230 스포츠 마케팅의 세계 | 박찬혁
231 일본의 이중권력, 쇼군과 천황 | 다카시로 고이치
232 일본의 사소설 | 안영희
233 글로벌 매너 | 박한표
234 성공하는 중국 진출 가이드북 | 우수근
235 20대의 정체성 | 정성호
236 중년의 사회학 | 정성호
237 인권 | 차병직
238 헌법재판 이야기 | 오호택
239 프라하 | 김규진
240 부다페스트 | 김성진
241 보스턴 | 황선희
242 돈황 | 전인초
243 보들레르 | 이건수
244 돈 후안 | 정동섭
245 사르트르 참여문학론 | 변광배
246 문체론 | 이종오
247 올더스 헉슬리 | 김효원
248 탈식민주의에 대한 성찰 | 박종성
249 서양 무기의 역사 | 이내주
250 백화점의 문화사 | 김인호
251 초콜릿 이야기 | 정한진
252 향신료 이야기 | 정한진
253 프랑스 미식 기행 | 심순철
254 음식 이야기 | 윤진아
255 비틀스 | 고영탁
256 현대시와 불교 | 오세영
257 불교의 선악론 | 안옥선
258 질병의 사회사 | 신규환
259 와인의 문화사 | 고형욱
260 와인, 어떻게 즐길까 | 김준철
261 노블레스 오블리주 | 예종석
262 미국인의 탄생 | 김진웅
263 기독교의 교파 | 남병두
264 플로티노스 | 조규홍
265 아우구스티누스 | 박경숙
266 안셀무스 | 김영철
267 중국 종교의 역사 | 박종우
268 인도의 신화와 종교 | 정광흠
269 이라크의 역사 | 공일주
270 르 코르뷔지에 | 이관석
271 김수영, 혹은 시적 양심 | 이은정
272 의학사상사 | 여인석
273 서양의학의 역사 | 이재담
274 몸의 역사 | 강신익
275 인류를 구한 항균제들 | 예병일
276 전쟁의 판도를 바꾼 전염병 | 예병일
277 사상의학 바로 알기 | 장동민
278 조선의 명의들 | 김호
279 한국인의 관계심리학 | 권수영
280 모건의 가족 인류학 | 김용환
281 예수가 상상한 그리스도 | 김호경
282 사르트르와 보부아르의 계약결혼 | 변광배
283 초기 기독교 이야기 | 진원숙
284 동유럽의 민족 분쟁 | 김철민
285 비잔틴제국 | 진원숙
286 오스만제국 | 진원숙
287 별을 보는 사람들 | 조상호
288 한미 FTA 후 직업의 미래 | 김준성
289 구조주의와 그 이후 | 김종우
290 아도르노 | 이종하
291 프랑스 혁명 | 서정복
292 메이지유신 | 장인성
293 문화대혁명 | 백승욱
294 기생 이야기 | 신현규
295 에베레스트 | 김법모
296 빈 | 인성기
297 발트3국 | 서진석
298 아일랜드 | 한일동
299 이케다 하야토 | 권혁기
300 박정희 | 김성진
301 리콴유 | 김성진
302 덩샤오핑 | 박형기
303 마거릿 대처 | 박동운
304 로널드 레이건 | 김형곤
305 셰이크 모하메드 | 최진영
306 유엔사무총장 | 김정태
307 농구의 탄생 | 손대범
308 홍차 이야기 | 정은희

#	제목	저자
309	인도 불교사	김미숙
310	아힌사	이정호
311	인도의 경전들	이재숙
312	글로벌 리더	백형찬
313	탱고	배수경
314	미술경매 이야기	이규현
315	달마와 그 제자들	우봉규
316	화두와 좌선	김호귀
317	대학의 역사	이광주
318	이슬람의 탄생	진원숙
319	DNA분석과 과학수사	박기원
320	대통령의 탄생	조지형
321	대통령의 퇴임 이후	김형곤
322	미국의 대통령 선거	윤용희
323	프랑스 대통령 이야기	최연구
324	실용주의	이유선
325	맥주의 세계	원융희
326	SF의 법칙	고장원
327	원효	김원명
328	베이징	조창완
329	상하이	김윤희
330	홍콩	유영하
331	중화경제의 리더들	박형기
332	중국의 엘리트	주장환
333	중국의 소수민족	정재남
334	중국을 이해하는 9가지 관점	우수근
335	고대 페르시아의 역사	유흥태
336	이란의 역사	유흥태
337	에스파한	유흥태
338	번역이란 무엇인가	이향
339	해체론	조규형
340	자크 라캉	김용수
341	하지홍 교수의 개 이야기	하지홍
342	다방과 카페, 모던보이의 아지트	장유정
343	역사 속의 채식인	이광조
344	보수와 진보의 정신분석	김용신
345	저작권	김기태
346	왜 그 음식은 먹지 않을까	정한진
347	플라멩코	최명호
348	월트 디즈니	김지영
349	빌 게이츠	김익현
350	스티브 잡스	김상훈
351	잭 웰치	하정필
352	워렌 버핏	이민주
353	조지 소로스	김성진
354	마쓰시타 고노스케	권혁기
355	도요타	이우광
356	기술의 역사	송성수
357	미국의 총기 문화	손영호
358	표트르 대제	박지배
359	조지 워싱턴	김형곤
360	나폴레옹	서정복
361	비스마르크	김장수
362	모택동	김승일
363	러시아의 정체성	기연수
364	너는 내 사방 위험한 로봇이다	오은
365	발레리나를 꿈꾼 로봇	김선혁
366	로봇 선생님 가라사대	안동근
367	로봇 디자인의 숨겨진 규칙	구신애
368	로봇을 향한 열정, 일본 애니메이션	안병욱
369	도스토예프스키	박영은
370	플라톤의 교육	장영란
371	대공황 시대	양동휴
372	미래를 예측하는 힘	최연구
373	꼭 알아야 하는 미래 질병 10가지	우정헌
374	과학기술의 개척자들	송성수
375	레이첼 카슨과 침묵의 봄	김재호
376	좋은 문장 나쁜 문장	송준호
377	바울	김호경
378	테킬라 이야기	최명호
379	어떻게 일본 과학은 노벨상을 탔는가	김범성
380	기후변화 이야기	이유진
381	상송	전금주
382	이슬람 예술	전완경
383	페르시아의 종교	유흥태
384	삼위일체론	유해무
385	이슬람 율법	공일주
386	금강경	곽철환
387	루이스 칸	김낙중·정태용
388	톰 웨이츠	신주현
389	위대한 여성 과학자들	송성수
390	법원 이야기	오호택
391	명예훼손이란 무엇인가	안상운
392	사법권의 독립	조지형
393	피해자학 강의	장규원
394	정보공개란 무엇인가	안상운
395	적정기술이란 무엇인가	김정태·홍성욱
396	치명적인 금융위기, 왜 유독 대한민국인가	오형규
397	지방자치단체, 돈이 새고 있다	최인욱
398	스마트 위험사회가 온다	민경식
399	한반도 대재난, 대책은 있는가	이정직
400	불안사회 대한민국, 복지가 해답인가	신광영
401	21세기 대한민국 대외전략	김기수
402	보이지 않는 위협, 종북주의	류현수
403	우리 헌법 이야기	오호택
404	핵심 중국어 간체자(简体字)	김현정
405	문화생활과 문화주택	김용범
406	미래 주거의 대안	김세용·이재준
407	개방과 폐쇄의 딜레마, 북한의 이중적 경제	남성욱·정유석
408	연극과 영화를 통해 본 북한 사회	민병욱
409	먹기 위한 개방, 살기 위한 핵외교	김계동
410	북한 정권 붕괴 가능성과 대비	전경주
411	북한을 움직이는 힘, 군부의 패권경쟁	이영훈
412	인민의 천국에서 벌어지는 인권유린	허만호
413	성공을 이끄는 마케팅 법칙	추성엽
414	커피로 알아보는 마케팅 베이직	김민주
415	쓰나미의 과학	이호준
416	20세기를 빛낸 극작가 20인	백승무

417	20세기의 위대한 지휘자 | 김문경	471	논리적 글쓰기 | 여세주
418	20세기의 위대한 피아니스트 | 노태헌	472	디지털 시대의 글쓰기 | 이강룡
419	뮤지컬의 이해 | 이동섭	473	NLL을 말하다 | 이상철
420	위대한 도서관 건축 순례 | 최정태	474	뇌의 비밀 | 서유헌
421	아름다운 도서관 오디세이 | 최정태	475	버트런드 러셀 | 박병철
422	롤링 스톤즈 | 김기범	476	에드문트 후설 | 박인철
423	서양 건축과 실내 디자인의 역사 | 천진희	477	공간 해석의 지혜, 풍수 | 이지형
424	서양 가구의 역사 | 공혜원	478	이야기 동양철학사 | 강성률
425	비주얼 머천다이징&디스플레이 디자인 | 강희수	479	이야기 서양철학사 | 강성률
426	호감의 법칙 | 김경호	480	독일 계몽주의의 유학적 기초 | 전홍석
427	시대의 지성 노암 촘스키 | 임기대	481	우리말 한자 바로쓰기 | 안광희
428	역사로 본 중국음식 | 신계숙	482	유머의 기술 | 이상훈
429	일본요리의 역사 | 박병학	483	관상 | 이태룡
430	한국의 음식문화 | 도현신	484	가상학 | 이태룡
431	프랑스 음식문화 | 민혜련	485	역경 | 이태룡
432	중국차 이야기 | 조은아	486	대한민국 대통령들의 한국경제 이야기 1 | 이장규
433	디저트 이야기 | 안호기	487	대한민국 대통령들의 한국경제 이야기 2 | 이장규
434	치즈 이야기 | 박승용	488	별자리 이야기 | 이형철 외
435	면(麵) 이야기 | 김한송	489	셜록 홈즈 | 김재성
436	막걸리 이야기 | 정은숙	490	역사를 움직인 중국 여성들 | 이양자
437	알렉산드리아 비블리오테카 | 남태우	491	중국 고전 이야기 | 문승용
438	개헌 이야기 | 오호택	492	발효 이야기 | 이미란
439	전통 명품의 보고, 규장각 | 신병주	493	이승만 평전 | 이주영
440	에로스의 예술, 발레 | 김도윤	494	미군정시대 이야기 | 차상철
441	소크라테스를 알라 | 장영란	495	한국전쟁사 | 이희진
442	소프트웨어가 세상을 지배한다 | 김재호	496	정전협정 | 조성훈
443	국제난민 이야기 | 김철민	497	북한 대남 침투도발사 | 이윤규
444	셰익스피어 그리고 인간 | 김도윤	498	수상 | 이태룡
445	명상이 경쟁력이다 | 김필수	499	성명학 | 이태룡
446	갈매나무의 시인 백석 | 이숭원	500	결혼 | 남정욱
447	브랜드를 알면 자동차가 보인다 | 김흥식	501	광고로 보는 근대문화사 | 김병희
448	파이온에서 힉스 입자까지 | 이강영	502	시조의 이해 | 임형선
449	알고 쓰는 화장품 | 구희연	503	일본인은 왜 속마음을 말하지 않을까 | 임영철
450	희망이 된 인문학 | 김호연	504	내 사랑 아다지오 | 양태조
451	한국예술의 큰 별 동랑 유치진 | 백형찬	505	수프림 오페라 | 김도윤
452	경허와 그 제자들 | 우봉규	506	바그너의 이해 | 서정원
453	논어 | 윤홍식	507	원자력 이야기 | 이정익
454	장자 | 이기동	508	이스라엘과 창조경제 | 정성호
455	맹자 | 장현근	509	한국 사회 빈부의식은 어떻게 변했는가 | 김용신
456	관자 | 신창호	510	요하문명과 한반도 | 우실하
457	순자 | 윤무학	511	고조선왕조실록 | 이희진
458	미사일 이야기 | 박준복	512	고구려왕조실록 1 | 이희진
459	사주(四柱) 이야기 | 이지형	513	고구려왕조실록 2 | 이희진
460	영화로 보는 로큰롤 | 김기범	514	백제왕조실록 1 | 이희진
461	비타민 이야기 | 김정환	515	백제왕조실록 2 | 이희진
462	장군 이순신 | 도현신	516	신라왕조실록 1 | 이희진
463	전쟁의 심리학 | 이윤규	517	신라왕조실록 2 | 이희진
464	미국의 장군들 | 여영무	518	신라왕조실록 3 | 이희진
465	첨단무기의 세계 | 양낙규	519	가야왕조실록 | 이희진
466	한국무기의 역사 | 이내주	520	발해왕조실록 | 구난희
467	노자 | 임헌규	521	고려왕조실록 1 (근간)
468	한비자 | 윤찬원	522	고려왕조실록 2 (근간)
469	묵자 | 박문현	523	조선왕조실록 1 | 이성무
470	나는 누구인가 | 김용신	524	조선왕조실록 2 | 이성무

525 조선왕조실록 3 | 이성무
526 조선왕조실록 4 | 이성무
527 조선왕조실록 5 | 이성무
528 조선왕조실록 6 | 편집부
529 정한론 | 이기용
530 청일전쟁 (근간)
531 러일전쟁 (근간)
532 이슬람 전쟁사 | 진원숙
533 소주이야기 | 이지형
534 북한 남침 이후 3일간, 이승만 대통령의 행적 | 남정옥
535 제주 신화 1 | 이석범
536 제주 신화 2 | 이석범
537 제주 전설 1 | 이석범
538 제주 전설 2 | 이석범
539 제주 전설 3 | 이석범
540 제주 전설 4 | 이석범
541 제주 전설 5 | 이석범
542 제주 민담 | 이석범
543 서양의 명장 | 박기련
544 동양의 명장 | 박기련
545 루소, 교육을 말하다 | 고봉만·황성원
546 철학으로 본 앙트러프러너십 | 전인수
547 예술과 앙트러프러너십 | 조명계
548 문화마케팅 (근간)
549 비즈니스상상력 | 전인수
550 개념설계의 시대 | 전인수
551 미국 독립전쟁 | 김형곤
552 미국 남북전쟁 | 김형곤
553 초기불교 이야기 | 곽철환
554 한국가톨릭의 역사 | 서정민
555 시아 이슬람 | 유흥태
556 스토리텔링에서 스토리두잉으로 | 윤주
557 백세시대의 지혜 | 신현동
558 구보 씨가 살아온 한국 사회 | 김병희
559 정부광고로 보는 일상생활사 | 김병희
560 정부광고의 국민계몽 캠페인 | 김병희
561 도시재생 이야기 | 윤주
562 한국의 핵무장 | 김재엽
563 고구려 비문의 비밀 | 정호섭
564 비슷하면서도 다른 한중문화 | 장범성
565 급변하는 현대 중국의 일상 | 장시·리우린, 장범성
566 중국의 한국 유학생들 | 왕링원·장범성
567 밥딜런 그의 나라에는 누가 사는가 | 오민석
568 언론으로 본 정부정책의 변천 | 김병희
569 전통과 보수의 나라 영국 1-영국 역사 | 한일동
570 전통과 보수의 나라 영국 2-영국 문화 | 한일동
571 전통과 보수의 나라 영국 3-영국 현대 | 김언조
572 제1차 세계대전 | 윤형호
573 제2차 세계대전 | 윤형호
574 라벨로 보는 프랑스 포도주의 이해 | 전경준
575 미셸 푸코, 말과 사물 | 이규현
576 프로이트, 꿈의 해석 | 김석
577 왜 5왕 | 홍성화
578 소가씨 4대 | 나행주
579 미나모토노 요리토모 | 남기학
580 도요토미 히데요시 | 이계황
581 요시다 쇼인 | 이희복
582 시부사와 에이이치 | 양의모
583 이토 히로부미 | 방광석
584 메이지 천황 | 박진우
585 하라 다카시 | 김영숙
586 히라쓰카 라이초 | 정애영
587 고노에 후미마로 | 김봉식

자크 라캉

펴낸날	**초판 1쇄 2007년 10월 10일** **초판 9쇄 2019년 10월 30일**
지은이	**김용수**
펴낸이	**심만수**
펴낸곳	**(주)살림출판사**
출판등록	1989년 11월 1일 제9-210호
주소	경기도 파주시 광인사길 30
전화	031-955-1350 팩스 031-624-1356
홈페이지	http://www.sallimbooks.com
이메일	book@sallimbooks.com
ISBN	978-89-522-1014-2 04080 978-89-522-0096-9 04080(세트)

※ 값은 뒤표지에 있습니다.
※ 잘못 만들어진 책은 구입하신 서점에서 바꾸어 드립니다.

함께 읽으면 좋은 책

철학·사상

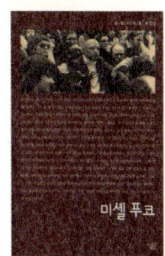

026 미셸 푸코 `eBook`

양운덕(고려대 철학연구소 연구교수)

더 이상 우리에게 낯설지 않지만, 그렇다고 손쉽게 다가가기엔 부담스러운 푸코라는 철학자를 '권력'이라는 열쇠를 가지고 우리에게 열어 보여 주는 책. 권력은 어떻게 작용하는가에서 논의를 시작하여 관계망 속에서의 권력과 창조적·생산적·긍정적인 힘으로서의 권력을 이야기해 준다.

027 포스트모더니즘에 대한 성찰 `eBook`

신승환(가톨릭대 철학과 교수)

포스트모더니즘의 역사와 논의를 차분히 성찰하고, 더 나아가 서구의 근대를 수용하고 변용시킨 우리의 탈근대가 어떠한 맥락에서 이해되는지를 밝힌 책. 저자는 오늘날 포스트모더니즘으로 대변되는 탈근대적 문화와 철학운동은 보편주의와 중심주의, 전체주의와 이성 중심주의에 대한 거부이며, 지금은 이 유행성의 뿌리를 성찰해 볼 때라고 주장한다.

202 프로이트와 종교 `eBook`

권수영(연세대 기독상담센터 소장)

프로이트는 20세기를 대표할 만한 사상가이지만, 여전히 적지 않은 논란과 의심의 눈초리를 받고 있다. 게다가 신에 대한 믿음을 빼앗아버렸다며 종교인들은 프로이트를 용서하지 않을 기세이다. 기독교 신학자인 저자는 이 책을 통해 종교인들에게 프로이트가 여전히 유효하며, 그를 통하여 신앙이 더 건강해질 수 있다는 점을 보여 주려 한다.

427 시대의 지성 노암 촘스키 `eBook`

임기대(배재대 연구교수)

저자는 노암 촘스키를 평가함에 있어 언어학자와 진보 지식인 중 어느 한 쪽의 면모만을 따로 떼어 이야기하는 것은 불합리하다고 말한다. 이 책에서는 촘스키의 가장 핵심적인 언어이론과 그의 정치비평 중 주목할 만한 대목들이 함께 논의된다. 저자는 촘스키 이론과 사상의 본질에 다가가기 위한 이러한 시도가 나아가 서구 사상을 받아들이는 우리의 자세와도 연결된다고 믿고 있다.

철학·사상

024 이 땅에서 우리말로 철학하기

이기상(한국외대 철학과 교수)

우리말을 가지고 우리의 사유를 펼치고 있는 이기상 교수의 새로운 사유 제안서. 일상과 학문, 실천과 이론이 분리되어 있는 '궁핍의 시대'에 사는 우리에게 생활세계를 서양학문의 식민지화로부터 해방시키고, 서양이론의 중독으로부터 벗어나야 한다고 역설한다. 저자는 인간 중심에서 생명 중심으로의 변화와 관계론적인 세계관을 담고 있는 '사이 존재'를 제안한다.

025 중세는 정말 암흑기였나 `eBook`

이경재(백석대 기독교철학과 교수)

중세에 대한 친절한 입문서. 신과 인간에 대한 중세인의 의식을 다루고 있는 이 책은 어떻게 중세가 암흑시대라는 일반적인 인식을 가지게 되었는지에 대한 물음을 추적한다. 중세는 비합리적인 세계인가, 중세인의 신앙과 이성은 어떠한 관계를 갖고 있는가 등에 대한 논의를 하고 있다.

065 중국적 사유의 원형 `eBook`

박정근(한국외대 철학과 교수)

중국 사상의 두 뿌리인 『주역』과 『중용』을 철학적 관점에서 접근한다. '산다는 것은 무엇인가?'라는 근원적 질문으로부터 자생한 큰 흐름이 유가와 도가인데, 이 두 사유의 흐름을 거슬러 올라가다 보면 그 둘이 하나로 합쳐지는 원류를 만나게 된다. 저자는 『주역』과 『중용』에 담겨 있는 지혜야말로 중국인의 사유세계를 지배하는 원류라고 말한다.

076 피에르 부르디외와 한국사회 `eBook`

홍성민(동아대 정치외교학과 교수)

부르디외의 삶과 저작들을 통해 그의 사상을 쉽게 소개해 주고 이를 통해 한국사회의 변화를 호소하는 책. 저자는 부르디외가 인간의 행동이 엄격한 합리성과 계산을 근거로 행해지기보다는 일정한 기억과 습관, 그리고 사회적 전통에 영향을 받는다는 사실로부터 시작한다는 점을 강조한다.

철학·사상

096 철학으로 보는 문화

eBook

신응철(숭실대 인문과학연구소 연구교수)

문화와 문화철학 연구에 관심 있는 사람을 위한 길라잡이로 구상된 책. 비교적 최근에 분과학문으로 등장하기 시작한 문화철학의 논의에 반드시 들어가야 할 요소를 선택하여 제시하고, 그 핵심 내용을 제공한다. 칸트, 카시러, 반 퍼슨, 에드워드 홀, 에드워드 사이드, 새무얼 헌팅턴, 수전 손택 등의 철학자들의 문화론이 소개된다.

097 장 폴 사르트르

eBook

변광배(프랑스인문학연구모임 '시지프' 대표)

'타자'는 현대 사상에 있어 가장 중요한 개념 중 하나이다. 근대가 '자아'에 주목했다면 현대, 즉 탈근대는 '자아'의 소멸 혹은 자아의 허구성을 발견함으로써 오히려 '타자'에 관심을 갖게 되었다. 그리고 타자이론의 중심에는 사르트르가 있다. 사르트르의 시선과 타자론을 중점적으로 소개한 책.

135 주역과 운명

eBook

심의용(숭실대 강사)

주역에 대한 해설을 통해 사람들의 우환과 근심, 삶과 운명에 대한 우리의 자세를 말해 주는 책. 저자는 난해한 철학적 분석이나 독해의 문제로 우리를 데리고 가는 것이 아니라 공자, 백이, 안연, 자로, 한신 등 중국의 여러 사상가들의 사례를 통해 우리네 삶을 반추하는 방식을 취한다.

450 희망이 된 인문학

eBook

김호연(한양대 기초·융합교육원 교수)

삶 속에서 배우는 앎이야말로 인간의 운명을 바꿀 수 있는 기회를 준다. 그래서 삶이 곧 앎이고, 앎이 곧 삶이 되는 공부를 하는 것이 무엇보다 중요하다. 저자는 인문학이야말로 앎과 삶이 결합된 공부를 도울 수 있고, 모든 이들이 이 공부를 할 수 있어야 한다고 믿는다. 특히 '관계와 소통'에 초점을 맞춘 인문학의 실용적 가치, '인문학교'를 통한 실제 실천사례가 눈길을 끈다.

철학·사상

eBook 표시가 되어있는 도서는 전자책으로 구매가 가능합니다.

- 024 이 땅에서 우리말로 철학하기 | 이기상
- 025 중세는 정말 암흑기였나 | 이경재 eBook
- 026 미셸 푸코 | 양운덕 eBook
- 027 포스트모더니즘에 대한 성찰 | 신승환 eBook
- 049 그리스 사유의 기원 | 김재홍 eBook
- 050 영혼론 입문 | 이정우
- 059 중국사상의 뿌리 | 장현근 eBook
- 065 중국적 사유의 원형 | 박정근
- 072 지식의 성장 | 이한구 eBook
- 073 사랑의 철학 | 이정은 eBook
- 074 유교문화와 여성 | 김미영 eBook
- 075 매체 정보란 무엇인가 | 구연상 eBook
- 076 피에르 부르디외와 한국사회 | 홍성민 eBook
- 096 철학으로 보는 문화 | 신응철 eBook
- 097 장 폴 사르트르 | 변광배 eBook
- 123 중세와 토마스 아퀴나스 | 박경숙 eBook
- 135 주역과 운명 | 심의용 eBook
- 158 칸트 | 최인숙 eBook
- 159 사람은 왜 인정받고 싶어하나 | 이정은 eBook
- 177 칼 마르크스 | 박영균
- 178 허버트 마르쿠제 | 손철성 eBook
- 179 안토니오 그람시 | 김현우
- 180 안토니오 네그리 | 윤수종 eBook
- 181 박이문의 문학과 철학 이야기 | 박이문 eBook
- 182 상상력과 가스통 바슐라르 | 홍명희 eBook
- 202 프로이트와 종교 | 권수영
- 289 구조주의와 그 이후 | 김종우 eBook
- 290 아도르노 | 이종하 eBook
- 324 실용주의 | 이유선
- 339 해체론 | 조규형
- 340 자크 라캉 | 김용수
- 370 플라톤의 교육 | 장영란 eBook
- 427 시대의 지성 노암 촘스키 | 임기대 eBook
- 441 소크라테스를 알라 | 장영란 eBook
- 450 희망이 된 인문학 | 김호연 eBook
- 453 논어 | 윤홍식 eBook
- 454 장자 | 이기동 eBook
- 455 맹자 | 장현근 eBook
- 456 관자 | 신창호 eBook
- 457 순자 | 윤무학 eBook
- 459 사주(四柱) 이야기 | 이지형 eBook
- 467 노자 | 임헌규 eBook
- 468 한비자 | 윤찬원 eBook
- 469 묵자 | 박문현 eBook

(주)살림출판사
www.sallimbooks.com
주소 경기도 파주시 문발동 522-1 | 전화 031-955-1350 | 팩스 031-955-1355